SÉRIE RENOVAÇÃO
Volume 2

Saúde e Espiritualidade

A Cura

LECTORIUM ROSICRUCIANUM
1ª EDIÇÃO
2018

Pentagrama publicações

SÉRIE RENOVAÇÃO
Volume 2

Saúde e Espiritualidade

A Cura

LECTORIUM ROSICRUCIANUM
1ª EDIÇÃO
2018

Pentagrama publicações

2018
Impresso no Brasil

Dados Internacionais de Catalogação na Publicação (CIP)
(Câmara Brasileira do Livro, SP, Brasil)

Saúde e espiritualidade : a cura / Lectorium Rosicrucianum. – 1. ed. – Jarinu, SP : Pentagrama Publicações, 2018. – (Série Renovação ; v. 2)

ISBN 978-85-67992-84-6

1. Autoconhecimento 2. Espiritualidade 3. Gnosticismo 4. Rosacrucianismo - Discursos, ensaios, conferências 5. Sete Raios I. Rosicrucianum, Lectorium. II. Título. III. Série.

18-21733 CDD-299.932

Índices para catálogo sistemático:
1. Rosacrucianismo : Conferências : Gnosticismo : Religião 299.932

Iolanda Rodrigues Biode – Bibliotecária – CRB-8/10014

Caixa Postal 39 - CEP 13240-000 - Jarinu - SP - Brasil
www.pentagrama.org.br
livros@pentagrama.org.br

ÍNDICE

A série *Renovação*

A série *Renovação,* da Pentagrama Publicações traz textos de reflexão espiritual numa linguagem adequada ao ser humano do século 21, tomando como base o ensinamento universal.

O ensinamento universal é uma filosofia de vida que reconhece a realidade espiritual no interior da consciência humana e situa o objetivo da vida nesse fundamento interior. Ele pode ser encontrado no saber tradicional de vários povos e culturas, sendo sempre renovado ao longo dos séculos.

Isso é verdade também em nossos dias, quando um grande número de pensadores procura traduzir esse ensinamento numa linguagem adaptada à consciência de nossa época, considerando as contribuições mais recentes da ciência, da arte e da filosofia.

Essa renovação é necessária para que o ensinamento universal permaneça vivo e seja constantemente transmitido ao longo das gerações e nas diferentes culturas e localidades. Ainda que seus princípios sejam sempre preservados, eles assumem diferentes formas, conceitos, linguagens e imagens para se tornarem compreensíveis à consciência humana em sua diversidade. Como a consciência humana está em transformação contínua, é fundamental que os conceitos se adequem a essa mudança.

Na Antiguidade, a natureza e seus ciclos eram muito utilizados para transmitir esses ensinamentos, já que eram parte da experiência diária da maioria das pessoas.

No início do século 20, a referência ainda era a Física Newtoniana, que considerava o espaço e o tempo como grandezas fixas e absolutas.

No entanto, atualmente as referências são a Física Quântica (cujo objeto de estudo é o mundo subatômico) e a Física Relativística (cujo objeto de estudo é a cosmologia), bem como a nova Física ainda em desenvolvimento, que procura unificar nossa compreensão do mundo subatômico e nosso entendimento da cosmologia. Neste contexto, espaço e tempo não são mais absolutos, matéria e energia são dois aspectos de mesma manifestação e o observador passa a ser parte integrante do experimento.

É nesse contexto que surge a série de livros *Renovação*, que busca apresentar aspectos do ensinamento universal através de uma linguagem que leve em conta as mudanças na compreensão do mundo ocorridas nas últimas décadas, sempre em absoluta fidelidade aos princípios imutáveis desse ensinamento.

O primeiro volume dessa série foi o livro *Os Sete Raios do Espírito e a Transformação da Vida Humana*, lançado em 2017, que introduziu o ensinamento sobre os sete raios do Espírito e sua influência sobre a vida do ser humano.

Este segundo volume trata do tema *Saúde e Espiritualidade* a partir de uma compreensão holística do ser humano e, mais particularmente, daquele ser humano que ingressou num caminho de autoiniciação e despertar de uma nova consciência.

CÂNTICO VIII

Não digas: "o mundo é belo".
Quando foi que viste o mundo?
Não digas: "o amor é triste".
Que é que tu conheces do amor?
Não digas: "a vida é rápida".
Como foi que mediste a vida?
Não digas: "eu sofro".
Que é que dentro de ti és tu?
Que era sofrer?

(Do livro "Cânticos", de Cecília Meireles)

INTRODUÇÃO

Que em nosso coração se acenda um Novo Fogo,
Que se eleve em nossas cabeças como uma Nova Luz,
Para assim transformar nossas vidas em uma totalmente Nova Vida!

Levi H. Dowling, autor do Evangelho Aquariano, nos conduz pelo caminho do autoconhecimento, com as palavras:

O homem é um pensamento de Deus. Infinitos e eternos são todos os pensamentos de Deus. Eles não podem ser medidos pelo tempo, pois tudo que está ligado ao tempo tem um início e um fim. Os pensamentos de Deus são por toda a eternidade, desde o passado insondável até os incontáveis dias que ainda virão. E assim também é o homem, o homem-Espírito.

Porém, como todo pensamento de Deus, o homem é apenas uma semente que contém todo o potencial divino, tal como a semente de cada planta sobre a terra contém todos os atributos de cada parte dessa planta.

Assim, como semente de Deus, o homem-Espírito contém, na profundeza de seu ser, os atributos e as virtudes de cada centelha de Deus. Essas sementes são perfeitas, assim como é perfeita a Fonte de onde elas provêem. Contudo, elas ainda não desabrocharam na vida manifestada. A semente do desenvolvimento humano, provinda do coração de Deus, foi concebida para se tornar a soberana do Reino da Alma e da região das coisas manifestadas.

Por isso, Deus, o Pai de tudo que existe, depositou essa semente no solo da alma. Ela cresceu rapidamente. O homem tornou-se alma vivente, tornou-se o senhor de todo o Reino da Alma. E o homem deveria aprender muitas lições no domínio da alma. Lá ele teria de passar muitos períodos de tempo, até que tivesse aprendido todas as suas lições.

O homem perfeito precisou percorrer todos os caminhos da vida e manifestou-se inteiramente em uma natureza carnal, uma natureza, uma índole, surgidas das coisas carnais. Mas, sem um opositor, o homem não conheceria sua força, e um pensamento deveria ser desenvolvido mediante a utilização de força.

Assim, a natureza carnal tornou-se uma inimiga que o homem deveria combater, para que ele pudesse vir a ser a manifestação da força de Deus.

Que tudo que vive silencie e ouça: o homem é o senhor de todos os reinos manifestados. Ele é senhor do protoplasma, do mineral, do vegetal e do animal. No entanto, ele renunciou ao seu direito de nascimento, pois agradou-se de seu ser inferior, agradou-se de seu ser carnal. Porém, o homem recobrará sua herança, reconquistará sua condição perdida!

Ele precisará travar uma luta que não pode ser descrita em palavras. Sim, ele precisará passar por inúmeras provas e tentações.

O homem será totalmente salvo. Ele será resgatado e tornar-se-á perfeito através daquilo que o faz sofrer, tanto no domínio da carne, como no domínio da alma.

Quando o homem vencer as coisas da carne, sua veste carnal terá cumprido sua função. Ela será abolida, pois já não será mais necessária.

E Buda nos fala sobre o sentido e a dimensão espiritual da Vida:

A libertação de seu próprio ser é, para cada homem, a tarefa primordial e mais imediata. Desde o primeiro fato da existência, a vida se manifesta como a lei da transformação ou da mutabilidade. Tudo o que existe está subordinado ao mesmo giro na roda da vida, que compreende: nascimento, crescimento, declínio e morte. Assim, a vida prossegue única e sozinha, e procura expressar-se incessantemente sob novas formas. Ela é um processo de movimentação, e aquele que fica preso a uma forma, por mais bela que seja, sofrerá enquanto procurar reter essa movimentação. A lei da transformação relaciona-se também à alma. Todas as consequências possuem suas causas. E a alma natural – ou o caráter do homem – é a soma de seus pensamentos e ações anteriores. O carma, que significa ação e reação, rege toda a existência; e o homem é o único criador de suas condições e reações, de seu estado futuro e de seu destino definitivo. Mediante orientação pura de ações e pensamentos, ele pode gradualmente purificar sua natureza interior e, desse modo, pela autorrealização, alcançar a libertação através do renascimento da alma. A vida é una e indivisível, apesar de suas formas mutáveis serem incontáveis e passageiras. Em verdade, não existe morte, embora cada forma tenha de morrer! Quando compreendemos a unidade da vida, surge a compaixão – um sentimento de profunda unidade com a vida em todas as suas formas. A compaixão é descrita como a "lei das leis", como eterna harmonia; e, quem quebrar essa harmonia da vida consequentemente sofrerá e retardará sua iluminação. Trilhar a senda libertadora

requer: perfeita compreensão, objetivos puros, ação correta e vida pura!
Só então o coração se torna puro.

Assim, para tratarmos do tema *Saúde e Espiritualidade*, gostaríamos de propor uma reflexão sobre a questão da constante busca pela saúde – o que é algo comum a todos os seres humanos.

A vida humana é tão frágil e seu equilíbrio tão tênue, que poderíamos dizer que estamos o tempo todo procurando os melhores meios e métodos para mantê-la e vivê-la da melhor maneira possível.

Em nossa época, em que os meios materiais avançaram e permitiram a muitas pessoas ultrapassarem a mera fronteira da sobrevivência, podemos observar que há crescente preocupação com a qualidade de vida, indicada por um cuidado cada vez mais consciente com a alimentação, o estilo de vida e o corpo.

Dessa forma, o ser humano que se torna mais consciente de si mesmo busca cada vez mais o equilíbrio: não mais apenas físico e orgânico, mas também emocional e psíquico.

As dimensões de nosso mundo interior vão ficando cada vez mais visíveis, por serem fatores preponderantes de nossa vida exterior. Assim, a humanidade vai despertando de maneira crescente para o fato de que a saúde do corpo depende diretamente do equilíbrio de nossa mente, de nossos sentimentos e de nossa atitude diante da vida.

Vivemos em um mundo cada vez mais acelerado, onde o nível de estresse ao qual somos submetidos em nossa rotina diária aumenta sem cessar. Por isso, precisamos nos manter em alerta o tempo todo, acompanhando mudanças abruptas no ambiente que nos circunda – mudanças que demandam de nós respostas instantâneas, seja no âmbito pessoal, familiar ou profissional.

Por consequência, é natural que o desgaste psíquico e emocional – e também o biológico – sejam tão constantes para todas as pessoas, de todas as idades.

Por esse motivo, seguindo a mesma velocidade vertiginosa das mudanças do ambiente exterior, surgem a cada segundo novas técnicas, métodos e abordagens – sejam indicados pela medicina tradicional ou pela alternativa – e também novos conselhos sobre alimentação e estilo de vida. Todas essas novas abordagens, que acompanham de perto estes novos tempos tão cheios de transformação em que vivemos, são seguramente inovadoras e extremamente válidas.

Apesar das mudanças e do ambiente externo, poderíamos dizer, no entanto, que a busca pela saúde e pelo equilíbrio sempre foi constante em todos os tempos e em todos os povos da história da humanidade.

A sabedoria acumulada ao longo dos séculos, que simbolicamente denominamos de ensinamento universal, também nos fala que a dimensão da saúde extrapola o simples “bom funcionamento de nosso organismo”, e que seus fundamentos, suas raízes mais profundas, encontram-se além de nossa realidade física, nas instâncias mais profundas de nossa psique.

Pensemos aqui na medicina oriental, por exemplo, a qual enxerga os fenômenos do corpo físico como manifestação dos agregados de energia que nos envolvem, que são regidos por nossa predisposição interior.

Lembremos também do conhecido aforismo latino, que nos aponta uma fórmula de saúde simples, mas profunda, nestas palavras que afirmam:

Mens sana in corpore sano – Mente sã em corpo são[1].

De maneira similar, os rosa-cruzes do começo do século passado formularam o objetivo de seu trabalho neste lema tríplice:

Mente pura, coração nobre, corpo são.

E até mesmo a ciência moderna aproxima-se rapidamente desse conhecimento tão ancestral, de que a saúde depende não apenas de fatores externos ou herdados geneticamente, mas principalmente de uma base sólida, que deve estar assentada sobre um funcionamento diferente da mente, do coração e do corpo em sua totalidade.

Dentre incontáveis obras que surgiram nas últimas décadas, podemos citar o eloquente exemplo do estudo do Professor Bruce Lipton, intitulado *A Biologia da Crença,* obra citada como literatura de referência desta conferência, que, baseada em novas e avançadas idéias da biologia celular, demonstra como o estado de consciência e a predisposição interior de uma pessoa é um fator ainda mais poderoso que sua herança genética.

Os rosa-cruzes de todos os tempos sempre se interessaram profundamente pelos fundamentos da saúde e falam sobre a "ciência real da cura". Dentre eles, podemos

1 Frase do poeta latino Juvenal (cerca de 60-140) contida no décimo poema do Livro 4 de suas Sátiras.

citar exemplos ilustres como os de Paracelso, Cagliostro, Sigismund Bacstrom, e muitos conhecidos alquimistas.

E, em seu famoso Contrato Sêxtuplo[2], o documento que representa sua declaração de princípios do início do século 17, eles afirmam que:

O único ofício de um rosa-cruz será o de curar.
E isso ele sempre fará gratuitamente.

Com essa declaração, os rosa-cruzes querem indicar que, a partir de seu ponto de vista, a cura não é algo que se restringe unicamente ao restabelecimento da saúde ou à manutenção do equilíbrio do metabolismo.

Na realidade, a cura, em seu sentido mais amplo e profundo, representa uma transformação radical do ser humano em sua totalidade, que assim restabelece a ordem original dos diferentes aspectos de seu ser, livrando-o das causas mais profundas que se encontram por detrás das doenças físicas, dos distúrbios emocionais e do estresse psíquico.

Portanto, para os rosa-cruzes, a cura é um processo de transformação, e não uma técnica, uma prática ou mesmo a aplicação de medicamentos externos.

No passado, quando não se podia falar abertamente sobre essas coisas sem que se corresse o risco de retaliação ou mesmo de perseguição, esse processo da cura

---

2 Os artigos que compõem o Contrato Sêxtuplo exposto no livro *Fama Fraternitatis*, o Chamado da Fraternidade Rosa-Cruz são os seguintes: 1. Ninguém deve exercer outro ofício a não ser o de curar os doentes, e isto gratuitamente. 2. Ninguém deve ser obrigado, por causa da Fraternidade, a usar uma roupa especial, mas cada um deve seguir o costume do país. 3. Cada Irmão deve se apresentar, anualmente, no dia C, à *Casa Sancti Spiritus* ou comunicar a razão de sua ausência. 4. Cada Irmão deve se assegurar de ter uma pessoa de valor que possa, a seu tempo, sucedê-lo. 5. A sigla R. C. deve ser seu selo, insígnia e distintivo. 6. A Fraternidade deve permanecer secreta durante 100 anos.

foi descrito de maneira velada e simbólica, como por exemplo através da metáfora da alquimia.

Dessa forma, quando nos dias de hoje ouvimos falar sobre um "laboratório alquímico", sobre "pedra filosofal" e "fabricação do ouro", devemos entender todos esses aspectos como símbolos que apontam para diferentes instâncias de nosso próprio ser – instâncias que devem ser transformadas e literalmente curadas, por meio de um processo muito preciso e meticuloso.

Em termos modernos, simples e muito diretos, esse processo se refere à transformação dos 3 pilares que constituem o ser humano, que poderíamos denominar de: consciência, campos energéticos e matriz biológica do corpo.

A consciência, nossos campos energéticos, e a matriz biológica que constitui nosso corpo já foram representados de inúmeras maneiras simbólicas no passado.

Alguns exemplos ilustram esse simbolismo, como:

Espírito, Alma e Corpo

Pai, Filho e Espírito Santo

Lagarta, Casulo e Borboleta,

E, no Evangelho, as figuras de:

João Batista, Jesus e Cristo.

Todos esses símbolos indicam que três transformações fundamentais precisam acontecer em cada um de nós.

Essas três transformações visam livrar-nos das causas profundas de tudo aquilo que exteriormente conhecemos como falta de equilíbrio psíquico, estresse (mental e emocional) e enfermidades físicas.

Essas causas profundas são as seguintes:
– Em nossa consciência, o fato de utilizarmos nosso eu como único ponto de apoio.
– Em nosso campo energético pessoal, o fato de sermos controlados por nossos pensamentos, sentimentos e reações.
– E, na matriz biológica de nosso corpo, o fato de exacerbarmos as predisposições a determinadas enfermidades que já possuímos por herança genética, mediante uma atitude interior que carrega conflitos não resolvidos de nosso eu e da vida tumultuosa de nossos pensamentos, sentimentos e reações.

Nos capítulos seguintes, pretendemos tratar de cada uma dessas causas, dedicando-lhes uma análise individual e aprofundada.

Assim, no final, esperamos que cada um de nós tenha se aproximado dessas questões sob uma ótica profunda e real, e que assim possamos levar de volta, aos nossos lares e às nossas vidas, uma chave com a qual poderemos abrir uma nova dimensão em nós mesmos, uma dimensão que deverá nos mostrar que a *saúde do corpo* deve ser o resultado de um processo de transformação interior de *nossa consciência.*

Para resumir, seguem algumas palavras do *Tao Te King*, de Lao Tsé:

Quem conhece a outrem é ilustrado
Quem conhece a si mesmo é sábio
O que conquista a outrem tem força muscular
O que conquista a si mesmo é poderoso
Quem sabe contentar-se é rico

Quem obra firme em seu propósito tem caráter
O que não perde sua interioridade resiste
O que morre, mas não perece, possui a vida eterna.

Também são oportunas as palavras de Levi H. Dowling, em seu *Evangelho Aquariano*:

Outra vez Elihu reuniu seus alunos na gruta sagrada e disse:

Nenhum homem vive só para si, porque toda coisa viva está ligada por laços fortes a todas as outras coisas viventes. Bem-aventurados são os puros de coração, porque amarão e não pedirão nada em troca. Não farão a outros o que não gostariam que outros lhes fizessem.

Há dois egos: o ego superior e o ego inferior. O ego superior é o espírito humano revestido de alma, feito à imagem de Deus. O ego inferior é o ego carnal, o corpo feito de desejos: é um reflexo do ego superior desfigurado pelos éteres obscuros da carne.

O ego inferior é uma ilusão e passará; o ego superior é Deus no homem e não passará.

O ego superior é a encarnação da verdade; o ego inferior é o oposto da verdade e com ele surge a mentira.

O ego superior é justiça, misericórdia, amor e retidão; o ego inferior é tudo o que o ego superior não é.

O ego inferior gera ódio, calúnia, lascívia, assassinato, roubo e tudo que causa dano; o ego superior é a mãe das virtudes e da harmonia da vida.

O ego inferior é rico em promessas, mas pobre em bênçãos e paz;

oferece prazer, gozo e ganhos, mas gera intranqüilidade, tristeza e morte. Dá aos homens maçãs belas à vista e agradáveis ao olfato, mas recheadas de amargor e fel.

Se me perguntassem o que poderiam estudar, eu lhes responderia: seu próprio ser. Quem conhece bem seu ego inferior, conhece as ilusões do mundo, sabe que essas coisas passarão; e quem conhece seu ego superior, conhece a Deus, conhece bem as coisas que não passarão.

Três vezes bem-aventurado é o homem que fez seus o amor e a pureza; foi redimido dos perigos do seu eu inferior e ele próprio é seu Eu superior.

O homem busca a salvação do mal que imagina ser um monstro vivo, pertencente a outro mundo, e faz deuses que não passam de demônios disfarçados: todo-poderosos, mas cheios de suspeitas, ódios e luxúria. Seus favores devem ser comprados com caros sacrifícios de frutos e de vidas de aves, animais e seres humanos.

Porém, esses deuses não têm ouvidos para ouvir, nem olhos para ver, nem coração para compadecer-se, nem poder para salvar.

O mal é um mito: esses deuses são feitos de ar e revestidos com a sombra de um pensamento. O único demônio de que o homem deve redimir-se é seu ego, seu eu inferior.

Se o homem quiser encontrar seu inimigo, deve procurá-lo dentro de si mesmo: seu nome é ego.

Se o homem quiser encontrar seu salvador, deve buscá-lo dentro de si mesmo. E, quando o ego maligno tiver sido destronado, o salvador, o Amor, será exaltado ao trono do poder.

Que essa nova consciência possa um dia se erguer em cada ser humano que habita nossa Terra, e que esse seja um grande fator de cura: a cura fundamental da vida humana, individual e coletiva.

CÂNTICO VI

Tu tens um medo:
Acabar.
Não vês que acabas todo o dia.
Que morres no amor.
Na tristeza.
Na dúvida.
No desejo.
Que te renovas todo o dia.
No amor.
Na tristeza.
Na dúvida.
No desejo.
Que és sempre outro.
Que és sempre o mesmo.
Que morrerás por idades imensas.
Até não teres medo de morrer.
E então serás eterno.

(Do livro "Cânticos", de Cecília Meireles)

CAPÍTULO 1

Nós e o universo

O universo em que vivemos é
algo simplesmente maravilhoso,
e sempre nos faltarão palavras
para descrever sua infinita beleza
e grandiosidade sem limites.

Quanto mais cresce a compreensão do ser humano a respeito do universo, mais nos tornamos conscientes de como o infinitamente grande e o incrivelmente pequeno se tocam e se encontram.

Ao olharmos para fora de nosso cosmo, e expandirmos nossa visão rumo aos confins do universo, vemos como os sóis se agrupam nas galáxias espirais de bilhões de estrelas – como a Via Láctea, onde a Terra se encontra em um de seus extremos.

As galáxias agrupam-se aos milhares nos superaglomerados, como o de Laniakea, no qual a Via Láctea é uma dentre 100 mil, todas gravitando ao redor de seu centro, o grande atrator.

E, ao olharmos para aquilo que conseguimos compreender como o "universo como um todo", veremos que hoje ele é concebido como uma incomensurável esfera de 90 bilhões de anos-luz de diâmetro, além da qual a compreensão humana sequer consegue conceber o espaço.

O universo é uma esfera, que, no entanto, poderá ser apenas mais uma, quando pensamos na hipótese do multiverso, onde cada universo não é mais do que um átomo, uma partícula, assim como quando olhamos para a átomo, e descobrimos, fascinados, que cada átomo também é um universo em si mesmo...

São infinitas esferas contidas em infinitas esferas...

O Reino de meu Pai tem infinitas moradas, assim já o dizia Cristo, a Luz do Mundo.

Sim! Tudo isso, ou mesmo uma pequenina fração de tudo isso, deveria ser suficiente para que vivêssemos, a cada instante de nossas vidas, preenchidos por uma alegria e uma gratidão infinitas, por poder ser parte de uma manifestação tão maravilhosa, por podermos ser um grão de areia, um grão da grande matéria do universo, que se tornou consciente da imensurável glória e graça da qual faz parte.

Porém, amigos, por que nossa vida não é assim?

Por que vivemos uma vida de isolamento quase que absoluto dessa realidade onipresente e maravilhosa?

Por que vivemos mergulhados em nossos problemas, em nossas questões minúsculas e irrelevantes?

A resposta que o ensinamento universal nos oferece em relação a isso é simples: estamos doentes. Sim – fundamentalmente doentes.

A resposta que nos é oferecida é a de que nossa consciência, no momento em que nos tornamos autoconscientes, tornou-se separada do Todo, separada do imenso rio da vida que flui por todo o universo – desde uma partícula até a um aglomerado de galáxias.

Sim, pois no momento em que nos tornamos autoconscientes, e que com nossa mente dissemos pela primeira vez a palavra "eu", esse "eu" tornou-se para cada um de nós o centro ilusório de toda a vida, do mundo e de todo o universo!

Nesse universo incomensurável, nosso minúsculo "eu" tornou-se o centro de tudo, convertendo-nos, irremediavelmente, em seres "ego-cêntricos".

Lembremo-nos aqui dos incontáveis mitos encontrados em quase todas as tradições humanas. Muitos deles descrevem o momento em que mergulhamos na autoconsciência e nos tornamo-nos egocêntricos (como, por exemplo, o instante em que simbolicamente abandonamos o Paraíso do Éden – que era o paraíso da vida integrada ao universo – e ficamos separados e isolados dessa vida real para sempre).

Bem sabemos que não saímos fisicamente de um lugar hipotético e perfeito, mas apenas que, com nossa mente, mergulhamos em nós mesmos, assim como Narciso mergulhou e se perdeu em sua própria imagem.

Mergulhamos em nosso próprio "eu" e criamos um mundo à sua imagem e semelhança, convertendo a vida e o cosmo em um grande armazém de matérias-primas, e explorando-as até o limite da exaustão.

Porém, será que o fato de sermos "autoconscientes" e possuirmos um "eu" deveria ser o motivo de tamanho sofrimento?

Quando olhamos a história da humanidade e ouvimos o testemunho de consciências humanas que transcenderam os limites dentro dos quais vivemos, podemos seguramente dizer que existe um vasto horizonte para a consciência humana que vai além dos muros do egocentrismo.

Pensemos aqui em Buda, em Cristo, em Krishna, em Hermes, em Zoroastro[3]...

Todos esses seres humanos ultrapassaram a fronteira do egocentrismo, vencendo-a em si mesmos, e testemunharam do caminho que pode nos levar da "consciência-eu" até uma "nova consciência": um caminho que, simbolicamente, foi tantas vezes indicado como uma "senda miraculosa", onde os seres humanos eram curados de suas mazelas.

Amigos, o que o ensinamento universal tenta nos transmitir através de todos os relatos de vida desses seres humanos é que existe um grande mal comum, uma grande e única doença que deve ser vencida, em primeiro lugar, se de fato quisermos ingressar em um modo de vida completamente novo e diferente.

Trata-se da doença do egocentrismo!

O núcleo da consciência humana funciona como um grande órgão de percepção.

Ele é um complexo e intrincado fluxo energético que utiliza bases orgânicas como o cérebro, o sistema nervoso, o sistema endócrino, os fluidos de nosso corpo, assim como a memória de todas as nossas células; mas ele também se expande para as capas energéticas que envolvem e interpenetram todo o nosso corpo.

Esse núcleo de consciência foi formado ao longo dos bilhões de anos da evolução da vida em nosso planeta, e foi crescendo lentamente, desde uma consciência física

3 O zoroastrismo, masdaísmo, masdeísmo ou parsismo é uma religião fundada na antiga Pérsia pelo profeta Zaratustra, a quem os gregos chamavam de Zoroastro. É considerada a primeira manifestação de um monoteísmo ético. (Wikipedia)

e quase automática de um organismo unicelular, até seres complexos, como os vegetais e animais.

E, nos seres humanos atuais, em um determinado momento de sua história evolutiva, a partir do qual a mente cresceu e amadureceu o suficiente, esse núcleo de consciência tornou-se autoconsciente – tornou-se consciente de sua própria existência.

A partir desse momento, assim como um recém-nascido busca abrigo e proteção para poder sobreviver e crescer, esse núcleo de autoconsciência também buscou abrigo e proteção para poder ganhar consistência e identidade.

Esse processo de buscar abrigo e proteção foi descrito simbolicamente no livro *Gênesis* como o "cobrir-se com uma folha de figueira", e Buda o indicou como sendo "o grande apego", que é a causa de todo sofrimento.

Esse processo inicial de construir uma identidade que acaba de nascer é algo natural: ele é inerente à natureza do tornar-se autoconsciente. Ele se reproduz em cada ser humano quando deixamos a inocência da infância e entramos na adolescência, que é a fase na qual começamos a construir nossa identidade.

Porém, a construção da identidade (ou seja, a construção da consciência-eu, assim como a infância, a adolescência e a idade adulta) deveria ser apenas mais uma fase da vida humana. E, no entanto, em nosso atual estágio de desenvolvimento, nosso "crescimento" como indivíduos normalmente acaba quando nosso "eu-consciente" se manifesta na fase adulta.

O próprio conceito de "tornar-se adulto" é sinônimo de "deixar de crescer".

E, o que em realidade ocorre para a maior parte da humanidade é que, nesse momento, nossa consciência também deixa de se transformar e passamos a funcionar dentro de um mundo mais ou menos limitado, buscando a cada instante apenas a satisfação de nossos próprios interesses, perseguindo uma realização e uma felicidade individual a partir de parâmetros grandemente ditados por nosso próprio "eu".

Ironicamente, é como se a humanidade tivesse parado na adolescência e continuasse esse processo de construção de sua individualidade em sua fase adulta, com muita ansiedade e tensão. É como se uma lagarta decidisse viver toda a sua vida como tal, contando e acumulando folhas, sem nem sequer sonhar com a possibilidade de passar por outro processo de transformação, e acreditasse que aqueles que retornam como borboletas, voando sobre os ramos das árvores onde ela se encontra, são seres sobrenaturais, cuja glória, para ela, é inatingível.

Esse processo de acúmulo – que é a doença fundamental do egocentrismo – precisará chegar a um ponto de saturação, individual e coletivamente, até que acordemos para aquilo que nos aguarda para além da fronteira de nosso próprio "eu".

Esse despertar do torpor do giro infinito pelas engrenagens da roda da vida nos levará a descobrir que, assim como tudo no Universo, cada ser humano também habita em uma das infinitas esferas que o formam.

O ser humano que desperta do torpor de seu egocentrismo descobrirá, maravilhado, que ele também habita uma célula do universo, um microuniverso, um micromundo. E verá que nele, assim como em tudo o que existe, de um simples átomo a um elaborado sol ou galáxia, também se encontra um núcleo, um centro, um princípio universal, ao redor do qual todo o seu ser gravita.

Essa esfera e esse ponto – dentro da qual cada ser humano habita, e ao redor do qual gravita o núcleo de seu ser – são chamados pelo ensinamento universal de *microcosmo*.

Somente quando despertamos do profundo sono de nosso egocentrismo reconhecemos a grandiosa dimensão de nossas vidas, que nos passava despercebida: a dimensão que nos transforma, instantaneamente, em cidadãos do universo, em células viventes do universo, em um microuniverso, um microcosmo.

Quando despertarmos para essa realidade, então o centro de nosso pequeno mundo, o núcleo de nosso microcosmo, poderá falar diretamente à nossa consciência. Ele nos ensinará que o centro do universo (e não importa o nome que quisermos dar a Ele: o Uno, o Todo, o Ser Infinito, o Grande Alento, a Singularidade, ou Deus), sim, ele nos ensinará que esse centro do universo já se encontra em nós, pois no grande universo, o centro de todas as coisas é onipresente. Ele nos mostrará que ele se encontra mais perto do que nossas próprias mãos e nossos pés, e que esse centro de toda a vida, que já se encontra em nós mesmos, também é o tão buscado centro da felicidade, do equilíbrio, da verdade, da beleza, da justiça, do amor, da compreensão, da sabedoria e de toda a vida.

No momento em que despertarmos para isso, estaremos dando o primeiro passo no caminho de uma vida totalmente nova.

O ensinamento universal chama esse momento de "o despertar para a nova vida".

A linguagem simbólica do evangelho o denominou de "nascer novamente".

Os rosa-cruzes o chamavam de "o desabrochar da rosa", "o desabrochar do botão de rosa", o surgimento do princípio universal em nosso coração.

Quando nossa consciência reconhecer esse centro no interior de si mesma e tivermos a coragem de dar uma guinada de volta em nosso percurso, então nossa vida se transformará. Colocaremos nossos pés no caminho reto, na senda que nos ligará cada vez mais conscientemente ao centro do universo, que já se encontra em nosso próprio interior.

No passado, essa ligação foi simbolicamente chamada de "fé". Não uma fé em alguém, em um grupo, ou em um dogma. Mas uma fé que é uma ligação magnética, uma ligação consciente, uma conexão real, assim como aquela que liga uma partícula ao núcleo de um átomo, que liga nosso cosmo ao grande Sol que tudo alimenta, e que ligará nossa consciência ao centro do universo, que já se encontra em nosso próprio coração.

Essa fé, ainda que pequenina como um grão de mostarda, terá a capacidade de mover as montanhas de nosso egocentrismo, dando início a uma vida totalmente nova. Afinal, essa conexão consciente, que precisa ser construída ao longo de toda uma vida, mas que pode começar em um único instante – como este

– é o início da cura fundamental da doença de nosso egocentrismo.

É o começo de um processo interior de regeneração completamente novo: o começo de uma *epigênese*, assim como a ciência atual o descreve. É o processo de autocura, que permitirá à consciência humana reerguer-se da vida doentia que criou para si mesma.

Quando isso ocorrer, o centro do universo em nós então também nos dirá:

> *Vai, levanta-te!*
> *Tua ligação consciente com o Único Ser finalmente te curou!*

Que esse momento possa finalmente chegar, para cada ser humano!

VERSO 16

Conserva o Vazio Absoluto
E a Paz Perfeita permanecerá
Todas as coisas têm uma mesma origem
E dela as contemplamos a retornar
Toda as coisas emanam, florescentes
E cada uma delas retorna à sua origem
Regressar ao seu princípio é repousar
Repousar é encontrar novo destino
O regresso ao destino se chama eternidade
O que conhece o eterno, se chama iluminado
O que desconhece o eterno encontra a miséria
Quem conhece a eternidade tudo possui
Quem é justo com os demais é soberano
Quem é soberano é semelhante ao Supremo
O Supremo é o caminho do Tao
Alcançando o Tao, terá a vida eterna
E ainda que seu corpo morra, nunca perecerá

(texto extraído do Tao Te King, de Lao Tsé)

CAPÍTULO 2

O microcosmo é como o mar

Assim como é em cima,
também é embaixo.
(Hermes Trismegisto)

O ser humano é
um microcosmo.
(Rosa-cruzes clássicos,
baseados em Platão)

Essas afirmações sugerem uma equivalência entre o universo exterior e o interior; e também indicam que, na complexidade de sua consciência, cada ser humano é uma versão em miniatura do grande modelo universal.

Se o universo visível, em sua manifestação incomensurável, é uma fonte infinita de inspiração, levando-nos adiante na busca do verdadeiro sentido de nossa existência, do mesmo modo o ser humano carrega em seu mundo interior a imagem de um universo igualmente amplo, imensurável, e complexo.

Este vasto mundo interior, que nos preenche e define nossa individualidade, é preenchido por nossos incontáveis pensamentos, desejos, percepções e reações.

Assim como os corpos celestes traçam sua trajetória na imensidão do espaço, todos esses elementos de nosso mundo interior traçam suas órbitas ao redor de nossa consciência, formando verdadeiros aglomerados de pontos luminosos de energia, assim como as incontáveis constelações no céu de uma noite estrelada.

O ensinamento universal sempre fez um paralelo entre nosso mundo interior e a abóboda celeste, utilizando a metáfora das constelações do zodíaco e dos planetas que se movimentam ao seu redor, em um ciclo infinito.

É como se cada ser humano nascesse sob um céu estrelado particular, com um desenho único, onde a configuração das forças de seu pensar, querer, sentir e agir funcionassem, desde seu nascimento, como uma grande memória, e sua vida fosse mais um capítulo de uma longa e intrincada história.

Toda essa configuração de forças, com seu desenho único e trajetória particular, é comumente chamada de "*carma*" ou "*destino*".

Diante disso, podemos ver o "*carma*" ou "*destino*" que recebemos ao nascer como um conjunto gigantesco de informações, de registros energéticos, que já se encontram previamente organizados e gravados.

E onde se encontram gravados esses registros que formam nosso carma?

Assim como as estrelas na abóbada celeste, eles se encontram gravados no "*céu*" de nosso microcosmo, nesse céu interior formado pelo campo eletromagnético da esfera do microcosmo que nos envolve.

Da mesma forma que a membrana de uma célula possui gravada em si toda a memória dos seres vivos que a antecederam, o microcosmo pode ser visto como uma grande célula feita de energia e matéria muito sutis, em cuja membrana estão gravadas todas as informações, todas as experiências, da vida que se manifestou dentro dele ao longo de períodos extremamente longos de tempo.

E a relação entre uma vida humana e a existência atemporal do microcosmo pode ser compreendida facilmente se utilizarmos um exemplo da natureza.

Pensemos no mar.

Cada onda que se levanta e que se quebra até chegar às areias da praia é uma e única. Ela surge, eleva-se, manifesta-se e desaparece. Assim, cada onda é uma e única, em sua breve e fugaz existência.

Porém, o mar é eterno! Em seu movimento contínuo, além das infinitas ondas que já se manifestaram se manifestam e se manifestarão em sua superfície, ele é um e único, e será sempre o mesmo, por tempos incalculavelmente longos.

O mar é sempre o mesmo, porém a experiência de cada onda ficará gravada nele para sempre, como informação vivente de uma memória que nunca se apagará.

A vida humana é como uma onda. O microcosmo é como o mar.

E, apesar de ser apenas um breve fenômeno no tempo, a vida humana, a memória de toda a sua existência ficará gravada para sempre no microcosmo. E a cada novo giro, a cada nova onda que se manifesta, o microcosmo se une a uma vida humana, transmitindo-lhe toda a memória que se encontra nele acumulada.

E, mesmo sendo tão breve com uma onda, cada vida humana viverá, tão profunda e intensamente, como a insondável memória do eterno mar do microcosmo.

É a partir dessa memória incalculavelmente longa e complexa de nosso microcosmo que se formam os campos energéticos que nos envolvem.

Ao longo de nossa vida, à medida que vamos crescendo e nos tornando seres autônomos, construímos os campos energéticos que envolvem nossa consciência a partir de toda a herança acumulada em nosso microcosmo.

O ensinamento universal nos diz que, além do corpo físico e da réplica energética que o mantém em funcionamento, o ser humano possui ao seu redor três campos energéticos específicos. Ao longo de sua vida, esses três campos energéticos vão se tornando cada vez mais densos e impregnados pela memória do microcosmo, unindo-se à estrutura orgânica do corpo físico, e assim vão formando três outros corpos feitos de uma energia muito sutil e poderosa.

Esses corpos energéticos são a base para a manifestação de nossos pensamentos, desejos e percepções, e mantêm nosso corpo físico em constante atividade. Assim, compreendemos por que esses corpos energéticos tão sutis influenciam de maneira tão direta o funcionamento do corpo físico; e também perceberemos como a natureza de nossos pensamentos, desejos e reações são, em grande medida, a causa de nosso equilíbrio ou desequilíbrio orgânico.

A humanidade sempre compreendeu, ainda que intuitivamente, a conexão entre *consciência* e *vida* – conhecimento que se traduziu em práticas de cura entre os povos do passado, e que hoje a ciência e a medicina demonstram.

Mas se de um lado percebemos com certa clareza o impacto que o mundo interior de nossa consciência causa no equilíbrio e na saúde do corpo, por outro, ainda não sabemos realmente como intervir e transformar esse mundo interior, eliminando assim a causa de muitos conflitos e desarmonias que nele circulam.

Na grande maioria das vezes, apenas percebemos o que pensamos, desejamos e sentimos depois do impacto que causaram em nosso corpo, em nossa vida e na vida daqueles que nos são próximos. É como tentar conhecer um meteoro a partir da cratera aberta pelo seu impacto na superfície: somente podemos *especular* sobre sua trajetória, velocidade e origem, pois elas ainda permanecem totalmente desconhecidas para nós.

Seguramente a humanidade avançou muito na ciência, na medicina e na psicologia; hoje, uma parte de nosso mundo interior já se encontra visível à consciência humana. Porém, a causa mais profunda, que é a real origem de nossos pensamentos, desejos e sentimentos, ainda permanece oculta. Portanto, nossa capacidade de transformar nosso mundo interior ainda é muito limitada.

Nesse sentido, o ensinamento universal vem em nosso auxílio, quando nos revela que a origem dos pensamentos, desejos e sentimentos não provém apenas do meio ou de nossa herança biológica, mas sim da grande memória acumulada na esfera do campo eletromagnético do microcosmo em que habitamos. Esse ensinamento universal quer fazer-nos compreender que os fenômenos que surgem na manifestação de uma onda devem levar em consideração toda a memória acumulada nas águas do imenso mar que a forma.

Porém, mesmo esse conhecimento, por mais profundo e revelador que seja, ainda não é capaz de transformar realmente as forças que circulam em nosso mundo interior.

O que é preciso acontecer? Que esse conhecimento seja aplicado? Na verdade, a questão real é saber como aplicar esse conhecimento.

A Escola Espiritual da Rosacruz Áurea nos ensina que a aplicação desse conhecimento não é algo que se possa fazer a partir das próprias forças que circulam em nossos corpos energéticos sutis (aqueles que determinam o funcionamento de nossa consciência). Isso seria o equivalente a combater pensamentos com pensamentos, desejos com desejos, reações com reações, assim como alguém que tentasse mudar o curso das ondas do mar com outras ondas contrárias vindo ao seu encontro. O ato de tentar controlar, treinar ou modificar de maneira forçada o pensar, desejar ou sentir normalmente termina sem que nosso objetivo seja atingido plenamente.

Se quisermos que um processo de cura fundamental seja novo e real e se manifeste em nós, precisaremos de um ponto de partida totalmente diferente!

Esse novo ponto de partida encontra-se no núcleo vivente do microcosmo humano, que deverá ser despertado, para finalmente erguer-se como um novo Sol em nossa consciência, como o centro do universo em nosso próprio ser.

Já dissemos que o microcosmo traz em si a memória eletromagnética de todas as experiências acumuladas pelas incontáveis vidas que nele se manifestaram. Essa memória eletromagnética funciona como um verdadeiro programa, um conjunto de registros digitais que fazem surgir um determinado estado de consciência que se reproduz constantemente.

Dessa forma, para que o estado de consciência seja transformado, precisamos, em primeiro lugar, reescrever os registros que formam o programa, o código do qual ele provém, com base em uma força superior àquela que os criou.

Ora, a única força capaz de reescrever esses registros encontra-se no núcleo de nosso microcosmo, a chamada "Rosa do Coração" ou "a Centelha do Espírito". Quando essa força desperta em nosso ser e nossa consciência une-se a ela, temos então um ponto de apoio tão poderoso, que, assim como o disse Arquimedes, poderemos "mover todo o nosso mundo" – nesse caso, nosso mundo interior.

Esse ponto de apoio surge pela a união do núcleo da consciência com o núcleo do microcosmo: trata-se da união entre o ser humano e o centro do universo em seu ser. Isso nos permitirá não apenas conhecer as profundezas de nossos pensamentos, sentimentos e reações, mas também todos os seus ciclos, repetições e seus impactos em nossa vida e no equilíbrio de todo o nosso ser.

Mediante o espaço aberto e iluminado que se fará em nós, poderemos também enxergar, por detrás de todo esse mar interior, todos os registros – o código fonte que programa sua constante repetição.

Nesse grande espaço aberto em nós pelo autoconhecimento, fluirá então um novo alento, como um poderoso vento que, ao soprar sobre as águas do mar, transforma completamente o movimento de suas ondas.

Esse vento é o alento de uma nova consciência – uma nova consciência que surge da união consciente com sua verdadeira e única fonte original, que é o centro do universo em nós: a Rosa do Coração, a Centelha do Espírito.

O despertar dessa centelha iniciará o primeiro processo de cura: a cura de nosso egocentrismo. E o primeiro processo de cura desencadeará o segundo, permitindo que uma nova consciência comece a atuar sobre nosso próprio mundo interior, como um poderoso fator sanador, como um poderoso medicamento para nossas intermináveis preocupações, ansiedades e medos, que são as doenças de nossa alma.

Então, a nova consciência transformará o código de nossos pensamentos, sentimentos, desejos e reações, desde seus registros mais ancestrais. E, na força do Espírito, nossa alma estará então curada.

Que essa cura, essa transformação fundamental, esteja muito perto de todos nós!

Gostaríamos de encerrar com algumas palavras de advertência de Mahatma Gandhi:

Suas crenças tornam-se seus pensamentos.
Seus pensamentos tornam-se suas palavras.
Suas palavras tornam-se suas ações.
Suas ações tornam-se seus hábitos.
Seus hábitos tornam-se seus valores.
Seus valores tornam-se seu destino.

O SOFRIMENTO E O IMENSURÁVEL

Buscamos uma solução para nosso sofrimento dentro do círculo das ilusões, dentro dos incontáveis séculos, criando assim novas ilusões e entrincheirando-nos ainda mais em nossa prisão? Ou buscamos o irrompimento através das incontáveis ilusões que construímos para nós mesmos ao longo dos séculos? Pois no processo do discernimento, conhecemos e dissolvemos a causa do sofrimento. Somente neste instante, e nunca antes, a mente é capaz de discernir a verdade. Até então, mesmo a busca da realidade é mera ilusão, pois não passa de uma fuga. Quando a compreensão afastar toda a fuga e a ilusão, somente neste instante a mente poderá compreender aquilo que não tem fim: o imensurável.

(Palavras proferidas por Jidu Krishnamurti durante suas palestras públicas realizadas no Rio de Janeiro e em São Paulo, em 1935).

CAPÍTULO 3

Dimensões da consciência

Que o raiar de uma Nova Consciência,
Que é a chave para uma Nova Vida,
Esteja muito próximo de nós!

Em seu *Evangelho Aquariano*, Levi H. Dowling narra: *Chegou a hora da festa e Jesus e os doze foram para Jerusalém. No dia anterior ao sábado chegaram ao Monte das Oliveiras e alojaram-se numa estalagem ao norte daquele monte. E sábado, ao amanhecer, entraram em Jerusalém pela porta dos cordeiros. A fonte curativa de Betesda, próxima à porta, estava rodeada de pessoas doentes. Porque acreditavam que em dado momento viria um anjo e derramaria uma virtude curativa na fonte, e os primeiros que nela entrassem e se banhassem seriam curados.*

E Jesus e os doze detiveram-se perto da fonte. E Jesus viu um homem que tinha sido mutilado há trinta e oito anos; não conseguia mover-se se alguém não o ajudasse.

E Jesus disse-lhe: Meu irmão, queres ser curado?

O homem respondeu: Desejo ardentemente ficar curado; mas estou incapacitado e, quando o anjo vier e derramar as virtudes curativas na fonte, os que podem andar entram nela primeiro e eu continuo doente.

E Jesus disse: Quem manda um anjo aqui para energizar esta fonte para favorecer a uns poucos? Sei que não é Deus, porque ele trata a todos com igualdade. Na fonte de saúde do céu, um não tem mais sorte do que o outro. A fonte de

saúde está em tua alma; sua porta está bem fechada; a chave é a fé; Todos podem ter esta chave e abrir a porta e mergulhar na fonte e ficar curados.
Então o homem ergueu os olhos cheio de esperança e disse: Dá-me esta chave da fé.
E Jesus disse: Acreditas no que eu disse? Faça-se segunda a tua fé.
Levanta-te, toma a tua cama e anda.
Imediatamente o homem levantou-se e andou; e disse apenas: Louvado seja Deus!
E quando lhe perguntaram: Quem te curou? – O homem respondeu: Não sei. Um estranho que estava junto à fonte simplesmente pronunciou uma palavra e fiquei bom.
Quando Jesus curou o homem, a multidão não percebeu, e ele e os doze seguiram para os adros do templo.
E no templo Jesus avistou o homem e disse-lhe: Vê, foste curado; de agora em diante cuida para que tua vida seja correta. Segue teu caminho e não peques mais, ou algo pior pode cair sobre ti.
E então o homem soube quem o havia curado.

De acordo com o ensinamento universal, a saúde e a cura devem ser compreendidas como o resultado do restabelecimento da ordem e do equilíbrio nas três dimensões humanas.

Podemos compreender, simbolicamente, essas três dimensões como:

- A dimensão do Espírito,
- A dimensão da Alma, e
- A dimensão do Corpo

Afinal, a fonte da verdadeira cura encontra-se dentro de nós. Quando vencermos a ilusão do eu, deixaremos para trás a dor e o sofrimento, e uma nova realidade, sem começo e sem fim, a realidade do imensurável, irá se manifestar em nós!

A dimensão do Espírito está relacionada com o núcleo da consciência e seu direcionamento. Em muitos seres humanos, o núcleo da consciência ainda está voltado para seu próprio "eu" – assim, o resultado é uma vida egocêntrica, com todos os seus conflitos, desgastes e desequilíbrios.

É por essa razão que a cura, na dimensão do Espírito, resulta de um *redirecionamento gradual do núcleo da consciência para a Centelha do Espírito, no coração do microcosmo*. Isso permite que a consciência se transforme totalmente, encontrando em si mesma a fonte de um equilíbrio silencioso e sereno.

A dimensão da alma está relacionada à nossa vida interior de pensamentos, desejos, percepções e reações. Vimos como essa vida interior é regida pelo carma, que é a memória registrada na esfera eletromagnética de nosso microcosmo, e é o resultado de todas as experiências das vidas anteriores que nele se manifestaram.

Dessa memória resultam as causas mais profundas de nosso condicionamento mental, emocional e energético que nos levam a viver ciclos repetitivos e intermináveis de dolorosas experiências – experiências que a consciência-eu não tem força para modificar.

Sendo assim, a cura na dimensão do mundo interior da alma deveria ser o resultado de um profundo e gradual processo de autoconhecimento, que desvendaria para a consciência todas essas causas profundas.

Mediante esse autoconhecimento e à sua união com a força da centelha do Espírito, que arde como um fogo em seu núcleo, a consciência renovada encontraria novamente um ponto de apoio em seu próprio interior, para mover, uma a uma, as montanhas dos condicionamentos de seu mundo interior.

E agora gostaríamos de compreender como essas duas modificações, no plano do Espírito e da alma – no direcionamento de nossa consciência e na consequente modificação de nosso mundo interior – podem transformar e interferir de maneira altamente positiva no equilíbrio e na saúde de nosso corpo.

Para começar, precisamos dizer que o corpo físico não é somente uma construção biológica, mas também uma sofisticada matriz energética, um verdadeiro arquétipo feito de energia e de matéria.

O ensinamento universal afirma que o corpo físico possui um corpo energético constituído de maneira idêntica a ele, que o envolve e interpenetra, como uma imagem energética perfeita de cada um de seus órgãos e estruturas.

Esse corpo energético que mantém o corpo físico em funcionamento é conhecido como o "duplo etérico" ou "duplo energético".

O corpo físico e seu duplo energético são herdados de nossos pais. Eles nos transmitem toda a sua herança sanguínea e genética, e, como demonstra a biologia moderna, todas as suas experiências, por meio da memória celular. Deles, recebemos não apenas nossos genes, mas também a memória acumulada de como usá-los. Em outras palavras: herdamos não somente certas tendências inatas, mas também a memória de como usá-las, tornando-as assim mais ativas ou não.

E essa memória celular que pode tornar ativas ou não determinadas tendências genéticas é algo fundamental quando tentamos compreender a questão da saúde a partir da visão do ensinamento universal. Afinal, a memória celular é a chave para compreender como determinado estado de nossa consciência poderá, ao longo do tempo, transformar-se em poderosa memória orgânica, que será ainda mais determinante para o funcionamento de nosso organismo do que nossa herança genética.

Agora, avançaremos em nosso tema para tentar compreender como um novo estado de consciência pode transformar diretamente o funcionamento do corpo. Quando uma criança nasce, ela recebe de seus pais o arquétipo de seu corpo físico e de seu duplo energético; porém, ao ingressar na segunda infância, ao redor dos sete anos, começa para ela um novo processo orgânico. É o processo do nascimento e do crescimento gradual de seus outros corpos energéticos, que são ainda mais sutis e começarão a se manifestar nela a partir da memória acumulada no campo eletromagnético de seu microcosmo.

Até esse momento, a criança vivia totalmente do campo energético de seus pais, familiares, ou responsáveis – campo este que vivificava e sustentava seu corpo material e seu duplo energético. Porém, à medida que ela vai crescendo e a memória eletromagnética de seu microcosmo se torna ativa, ela começa a criar e a polarizar seu próprio campo energético, tornando-o único e individualizado.

Assim, desde a segunda infância, passando pela adolescência e atingindo a fase adulta, em ciclos aproximados de sete anos, surgem os três corpos energéticos mais sutis da consciência, a partir do carma acumulado no microcosmo. Dessa forma, *o corpo etérico, o corpo astral e o corpo mental* ligam-se cada vez mais à estrutura do corpo material e seu duplo energético, passando a vivificá-los de maneira totalmente diferente e individualizada.

O estado de consciência passa a ser o estado de vida, pois os corpos sutis começam a comandar energeticamente todos os processos vitais do corpo físico. Essa é a razão pela qual, a partir da segunda infância, e principalmente na adolescência, o ser humano passa por tantas transformações, que influenciarão de maneira marcante o equilíbrio e a saúde de seu organismo. Explica-se: o carma acumulado no microcosmo começa a influenciar diretamente o funcionamento do corpo físico.

Vejamos aqui alguns exemplos de como isso ocorre.

É por meio do *corpo mental* que toda a vida de pensamentos penetra em nosso cérebro, em nosso sistema nervoso central e no periférico, influenciando a velocidade e a qualidade de nossas sinapses e impulsos nervosos, bem como o acúmulo ou não das tensões nervosas e do tão conhecido estresse.

É por meio do *corpo astral* que toda a vida de sentimentos e desejos penetra em nossos sete chacras, nas sete grandes rodas de energia que se encontram ao longo de nossa coluna vertebral, regulando então o funcionamento de todo o nosso sistema endócrino, através das sete glândulas, que coincidem com a localização desses chacras em nosso organismo, ou que são ativadas por eles. Referimo-nos aqui às glândulas pineal, hipófise, tireóide, timo, pâncreas, às glândulas do sistema reprodutor e às suprarrenais. Assim, vemos como o estado emocional influencia de maneira positiva ou degenerativa todas essas glândulas, com a respectiva produção correta ou incorreta de todos os hormônios produzidos por elas.

E, finalmente, é por meio do *corpo etérico* que todas as nossas reações e percepções atravessam nosso organismo mediante um sistema de transmissão de energia muito sutil, conhecido como meridianos. Esses meridianos são parecidos a fios muito finos, por onde circula nossa energia vital, que acompanha todos os nossos órgãos, membros, músculos, nervos e tecidos, determinando a renovação das células, a assimilação dos nutrientes, e a eliminação das toxinas.

Assim, compreendemos que a maneira como percebemos e reagimos às situações de nossas vidas determina nossa vitalidade, bem como a renovação ou não de todo o nosso organismo.

Diante de tudo isso, à luz do ensinamento universal, fica evidente por que a grande maioria dos sistemas de cura não produz um equilíbrio completo nem a restauração definitiva de nossa saúde. A razão para isso se encontra em nossos corpos sutis e na orientação do núcleo de nossa consciência.

É claro que o ser humano sempre deverá procurar o melhor tratamento que estiver ao ser alcance, visando a restabelecer a saúde de seu corpo. Como rosa-cruzes e cidadãos responsáveis por nossa própria vida e pela vida dos que nos são próximos, podemos afirmar claramente que essa sempre foi e sempre será a posição e a recomendação de nossa Escola. Essa é a razão pela qual a Escola Espiritual da Rosacruz Áurea recomenda a seus alunos hábitos simples e saudáveis de vida, que permitam que seu organismo funcione de maneira o mais tranquila e natural possível.

Assim, tratamos nosso organismo com respeito, minimizando os efeitos das tendências e limitações que herdamos, as quais todos possuímos, mas que são diferentes para cada um de nós. Porém, por outro lado, nos esforçamos, cada vez mais, para compreender a causa profunda dos males que vão surgindo em nós, não como resultado da hereditariedade, mas sim como reflexo dos conflitos não resolvidos do mundo interior da alma, e, acima de tudo, pelo direcionamento de nossa consciência. Estamos convencidos de que, na medida em que esses conflitos forem resolvidos mediante uma autorrevolução interior, então se manifestará em nós um novo estado de saúde! Não somente uma saúde física, mas uma saúde que entrará em vigor em toda a nossa vida, desde nossos pensamentos até o equilíbrio de nosso corpo físico, que será o reflexo da purificação e da transformação de nossa consciência.

Quando isso acontecer em nós, teremos reconstruído os três pilares do verdadeiro equilíbrio saudável da vida.

Desse modo, surgirão em nós:

– *Uma profunda paz de espírito, pelo fato do imo de nossa consciência ter se reconciliado com o princípio universal*

que se encontrava latente nela mesma, e ter-se libertado das garras e do sofrimento interminável do egocentrismo.
– Uma serenidade interior imperturbável, na medida em que nosso pensar, sentir, querer e agir foram colocados em harmonia com nosso verdadeiro ser, e, assim, se libertaram dos automatismos que nos condicionavam e cerceavam.
– E um equilíbrio orgânico estável e contínuo, que permitirá que nosso organismo funcione da melhor maneira possível, sem o estresse permanente dos apegos do egocentrismo, ou das sombras de uma vida interior conflituosa.

Hoje, vivendo uma transformação tão intensa no mundo, incontáveis seres humanos despertam para o fato de que a saúde e o equilíbrio de suas vidas deverá ser o resultado de uma profunda mudança interior – uma mudança na forma de encarar a vida, que resultará em uma nova maneira de viver a vida.

Quando essas pessoas aceitarem o desafio de colocar em prática essa mudança, transformando assim suas próprias vidas, elas se converterão em um grande acelerador de uma mudança que poderá se manifestar para toda a humanidade.

Essa transformação é a própria cura – a cura do indivíduo e a cura do coletivo. É para essa grande cura que, como rosa-cruzes, concentramos todos os nossos esforços: a cura coletiva de toda a humanidade – que virá como consequência de uma nova consciência coletiva. Esperamos de todo o coração que essa mensagem também encontre eco no coração de muitos, e que, assim, eles também se transformem em agentes conscientes da grande mudança mundial que se aproxima.

São os nossos mais sinceros votos que a fonte universal de toda vida desperte no imo de nosso ser – para que, com seu fulgurante brilho, ela possa transformar e renovar toda a nossa vida!

E encerramos esse tema com algumas palavras dos fundadores de nossa Escola, sr. Jan van Rijckenborgh, e sra. Catharose de Petri:

Ó Senhor, afasta o véu
de nossos olhos,
cura-nos de nossa cegueira
e permite que vejamos
a radiante luz
de tua magnificência!

Agradecemos-te,
pois o curso da Natureza
está sendo invertido,
e é-nos permitido retornar
a nossa origem,
ao estado de alma vivente.

Que o nascimento dessa conversão
possa ser festejado em nós,
para que, desse modo, seja vencido
o poder do destino aural!

Louvor, graça e adoração
sejam-te dados, a ti e a todos
os Grandes da Fraternidade!

Autoconhecimento é o portal

"Conhece-te a ti mesmo e conhecerás o Universo e os deuses"

(inscrição no pórtico do Templo de Delfos,
citada por Pitágoras, Sócrates e Platão)

Deus é uma esfera infinita cujo centro está em toda parte e cuja circunferência não é limitada em parte alguma

(Frase atribuída a Hermes Trismegisto,
citada no Livro dos 24 Filósofos, século 12)

CAPÍTULO 4

Ouvir a voz sem som e sem nome

Sem o real autoconhecimento, todo anseio por libertação não faz sentido.

No mundo moderno, vivemos uma vida agitada e absolutamente sem tempo. Corremos de um compromisso para outro, comemos de maneira apressada e quase mecânica, dormimos exaustos após checar nossos últimos e-mails e atualizações de nossas redes sociais em nosso celular, e acordamos sobressaltados, com nossa consciência já totalmente imersa na agenda impossível do dia seguinte...

Sim: com uma ou outra variação de estilo ou de intensidade, essa é a vida da grande maioria das pessoas do mundo ocidental. E, neste mundo, no qual vivemos dessa forma absolutamente antinatural, em que ao passarmos pelas ruas, nos metrôs e ônibus, o que encontramos são outdoors e cartazes pregando a saúde plena e a perfeição física, sim, nesse mundo quase insano, a última coisa que desejamos é contrair uma doença. Afinal, nos dias de hoje, uma doença, uma enfermidade significa um problema, uma ameaça, pois somos forçados a interromper a velocidade furiosa em que vivemos, para fazer algo quase impensável para o ser humano moderno – cuidar de nós mesmos, cuidar de nossa vida!

E, por isso, diante do risco de perdermos nossa posição nesse carrossel que gira de maneira descontrolada, corremos para o primeiro médico que surge, entramos na primeira farmácia que encontramos, e nos entupimos de quaisquer remédios que nos indiquem, com um único desejo: o de que isso passe o mais rápido possível, que fiquemos bem, e que possamos retomar, o quanto antes à nossa vida e nosso dia-a-dia.

Sim: retomar o quanto antes àquele mesmo dia-a-dia sobre o qual tantas vezes nos lamentamos, e ao qual nos agarramos com unhas e dentes diante da primeira ameaça de perdê-lo!

Uma vida e tanto, não é?

Porém, por debaixo dessa aparência tragicômica de nossa existência, na qual mais nos assemelhamos ao pobre homem representado por Chaplin em seu genial *Tempos Modernos,* existe um problema muito mais grave, muito mais sério – um problema que, para nós, que desejamos ser alunos de uma escola espiritual, deveria ser o que realmente importa em tudo isso.

O problema mais grave é que, vivendo dessa forma, o ser humano dá as costas a um grande aliado, a um verdadeiro professor particular que ele ganhou ao nascer, que é o sistema corretivo e perfeito deste mundo: a lei das causas e efeitos.

Ao tratarmos de nossa saúde dessa maneira superficial, utilitária, fria, quase calculista, na qual nosso organismo se converte como que em um automóvel, um veículo no qual nossa mente entra e sai atropeladamente, conduzindo-nos pelas alamedas congestionadas de nossa existência, fechamos os olhos, os ouvidos – e principalmente, nosso coração – para os sinais que nos chegam através de nosso corpo.

Damos as costas para os sinais que nosso corpo nos envia: sinais que trazem à tona os efeitos, as consequências de nossos atos, muitas e muitas vezes sob a forma de doenças, de enfermidades – como todas essas manifestações que desejamos resolver rapidamente para podermos continuar com nossa "corrida maluca" da vida.

Nosso desafio, como seres humanos, e principalmente como aqueles que anseiam por uma transformação fundamental de suas vidas, é tratar dessas questões de uma maneira absolutamente diferente. Nosso real desafio é ouvir a voz – sem som e sem nome! – que muitas e muitas vezes utiliza nosso organismo como caixa de ressonância, dando-lhe os sinais daquilo que não vai bem em nossa vida, em nosso comportamento e em nossa atitude.

E isso é algo essencial, pois, caso contrário, os fatos, as consequências de nossos atos, nos forçarão e nos subjugarão quando nossa tentativa de escapar de nós mesmos atingir um determinado limite orgânico.

Sim: precisamos dar uma meia-volta! Precisamos ter a coragem de dar uma reviravolta nessa maneira mecânica de viver a vida, para evitar que passemos os anos de nossa juventude e maturidade divorciados de nosso mundo interior, acumulando faltas e suas consequências não tratadas e resolvidas, para depois, durante os anos da velhice, passar os dias lamentando nossa sorte e nossos problemas de saúde.

Amigos! O destino, a desagregação de nossas estruturas orgânicas pelo tempo, e o estresse do mundo em que vivemos, não vão mudar. Não se trata aqui do superficialismo e da absoluta falsidade do ideal de saúde perfeita que os meios de comunicação tentam nos fazer comprar e engolir como pílulas miraculosas a cada esquina.

A questão fundamental é bem outra! Ela está relacionada com o aprendizado da alma, com a oportunidade de ouro que temos diante de nós: a oportunidade de passar por nossas experiências da única maneira correta, para aprendermos com elas. Essa é a questão fundamental que cada um de nós, em sua vida, em seu corpo, em seu discipulado, precisa aprender a reconhecer e a desvendar.

Pitágoras repetia a cada aluno a advertência do Templo de Delfos: "Conhece-te a ti mesmo e conhecerás o universo e os deuses". Conhecer a si mesmo é o primeiro passo para a cura. Não a cura exterior, mas a cura interior, que então transformará o exterior.

AS SETE CHAVES

Cada porta possui uma chave de ouro capaz de abri-la:

1. **Disposição constante para dar-se**: é a chave da misericórdia e do amor imortal.
2. **Equilíbrio**: é a chave da harmonia em palavras e em ação; é a chave que equilibra causa e efeito, não deixando mais margem para a atuação do carma.
3. **Imperturbabilidade**: é a serena paciência, que nada e ninguém fará vacilar.
4. **Impassibilidade**: é a serenidade na alegria e na dor; é a demolição da ilusão; é compreender unicamente a verdade.
5. **Força**: é a destemida energia, que luta para abrir seu caminho à suprema Verdade, para fora do lodaçal das mentiras terrenas.
6. **Submersão**: cuja porta, uma vez aberta, conduz o sábio ao domínio do eterno ser e sua perpétua contemplação.
7. **Sabedoria**: que faz do homem um Deus, um redentor do mundo, um filho dos espíritos do firmamento.

(A Voz do Silêncio)

CAPÍTULO 5

Tensões magnéticas e a ponte entre Espírito e matéria

*Que encontremos finalmente,
aqui e agora, a sabedoria da Alma
para aceitar nossa realidade e
transformá-la.*

É sempre bom relembrar os sábios conselhos dos *Versos Áureos*, de Pitágoras (18-46):

18. Suporta com paciência tua sorte, como quer que ela seja, e jamais te queixes dela.
19. Mas procura, tanto quanto estiver ao teu alcance, melhorá-la.
20. E tem em mente que a sorte não envia a maior parte dessas adversidades aos homens bons.
21. Entre os homens há muitas espécies de raciocínios, bons e maus.
22. Não os admires demais, nem os rejeites.
23. Mas se forem proferidas inverdades, ouve-as em mansidão e arma-te de paciência.
24. Observa, em cada oportunidade, o que agora vou dizer-te:
25. Não consintas que homem algum te desvie mediante palavras, ou atos.
26. Nem te persuada a dizer ou fazer algo que não é salutar para ti.
27. Delibera e reflete antes de agir a fim de que não pratiques ações tolas.

28. Porque somente um homem desditoso fala e age irrefletidamente.
29. Faze aquilo de que não te arrependas mais tarde, nem te prejudique.
30. Nunca faças algo que não compreendas.
31. Mas aprende tudo o que necessitas saber, e assim terás uma vida ditosa.
32. Não negligencies, de modo algum, a saúde de teu corpo.
33. Mas dá-lhe, na devida medida, o alimento e a bebida, e também o movimento de que necessita.
34. Como medida, quero dizer o que não te estorve.
35. Habitua-te a um modo de vida que seja justo e decente, mas não suntuoso.
36. Evita todas as coisas que possam ocasionar inveja.
37. E não sejas perdulário como aqueles que não sabem o que é decente e honrado.
38. Não sejas ávido nem avaro.
39. Faze unicamente as coisas que não te podem prejudicar, e reflete bem antes de fazê-las.
40. Não permitas que o sono cerre teus olhos, após ires descansar, antes de teres refletido e examinado todos os teus atos do dia.
41. O que fiz de errado?
42. O que fiz e o que deixei de fazer?
43. Se nesse exame constatares que fizeste algo errado, repreende-te com severidade.
44. E se fizeste algo de bom, regozija-te então.
45. Executa todas essas coisas minuciosamente: examina-as bem e ama-as de todo o teu coração.

46. Elas te conduzirão ao caminho das virtudes divinas.

Levando em conta esses preceitos para abordarmos o tema *A Cura*, gostaríamos de buscar, juntos, uma compreensão mais aprofundada, à luz do ensinamento universal. O que são, realmente, as enfermidades? Como elas surgem? Como elas se manifestam em nosso organismo? E, acima de tudo: qual é seu verdadeiro objetivo?

Nos últimos anos temos falado sobre a tríplice manifestação da divindade no ser humano. Essa manifestação tríplice, que também conhecemos como o "Santo Logos Tríplice", tem como base os dois pólos ou pilares da divindade. Há uma ponte que une esses dois pólos. Assim, espírito e matéria interagem, tendo a alma como intermediária.

Também vimos que essa manifestação da divindade acontece em sete níveis de densidade. Nesses sete níveis, espírito e matéria se mesclam desde o estado mais sutil até o mais denso.

No ser humano, esses sete graus de densidade correspondem a sete corpos, que deveriam se desenvolver como "sete vestes" a serem construídas ao longo dos "sete dias de manifestação da criação divina original", a saber:

1. Corpo material
2. Corpo etérico
3. Corpo astral
4. Corpo mental concreto
5. Corpo mental superior (veículo da nova alma imortal)

6. Corpo Alma-Espírito
7. Corpo-Espírito

Também sabemos que, em nosso estado atual de existência, estamos completamente atolados em uma dessas fases, na qual vivemos um processo de total identificação, em que nossa consciência é prisioneira da ilusão de sua própria existência.

A esse processo de identificação chamamos "eu".

Esse "eu" consciente, que vive na ilusão de uma existência separada do Todo, é um fenômeno que surge durante a construção do quarto corpo – *o corpo mental concreto.*

Nessa fase, o ser humano ganha uma consciência individual. Essa consciência individual projeta, de dentro para fora, um mundo que é o reflexo do individualismo e da separatividade. Nesse mundo, as ordens de vida lutam entre si, os recursos para a sobrevivência são escassos, os seres humanos são inimigos naturais uns dos outros.

Mas, atenção: nada disso é realidade! Trata-se apenas de uma ilusão autocriada da realidade. Essa ilusão autocriada ganha os contornos de uma ordem de existência, de uma natureza separada do Todo, à medida que o estado individual de consciência vai se multiplicando exponencialmente, em um planeta onde vivem quase 7,5 bilhões de indivíduos que manifestam o mesmo estado de consciência.

É óbvio que esse estado de consciência produzirá um estado de vida, uma ilusão autocriada tão concreta, que nem mesmo os autores do filme *Matrix* conseguiriam descrever com tanta força e clareza.

Esse estado de vida no qual estamos imersos – que é fruto da ilusão da "autoconsciência", da "consciência que temos de nós mesmos" – tem incontáveis efeitos e consequências. Porém, neste capítulo, queremos nos concentrar apenas em alguns aspectos muito particulares, sobre os quais normalmente não falamos com tanta frequência. Talvez esses aspectos possam nos ajudar a compreender melhor a origem e a manifestação das enfermidades nos seres humanos.

Dissemos há pouco que a divindade é espírito e matéria; e, para que possa se manifestar, ela necessita de uma ponte, de um elemento de conexão, que é a alma.

A alma é a própria consciência!

O processo de manifestação de uma onda de vida divina como a dos seres humanos originais, por exemplo, visa à construção gradual dessa ponte. Esse processo se desenvolve até que, no centro dessa onda de vida, o espírito e a matéria possam se encontrar em um ponto focal.

O ponto focal é justamente a mente concreta, a fase em que deveríamos nos encontrar em nosso atual estado de manifestação. Porém, como bem compreendemos, o desenvolvimento humano não progrediu além da manifestação da consciência individual, da consciência-eu. Assim, nos encontramos diante de uma ponte bloqueada, interditada e inacabada.

É por essa razão que a consciência humana ainda não permite a passagem da forças do Espírito. Com certeza, há um fogo que circula nos dutos das forças centrais de nossa consciência (dutos que chamamos de "fogo serpentino). Mas esse é o fogo da ilusão autocriada da consciência individual, separada do Todo: é o fogo da consciência-eu.

Esse fogo bloqueia totalmente o acesso entre o Espírito Divino Original e nossa consciência – ou seja, nossa alma – mas também entre o Espírito Divino Original e todo o nosso organismo. É por isso que nossa consciência não consegue conectar a pura compreensão superior do Espírito à realidade material e orgânica de nossa existência.

Dessa forma, assim como quando a água de um grande rio encontra um obstáculo em seu caminho, como por exemplo uma pedra gigantesca, ela buscará os meios de continuar seu fluxo, mesmo a despeito do bloqueio e da "falta de cooperação" da pedra no caminho.

Ela passará por baixo, por cima, pelos lados, fará um contorno, seja lá o que for, mas a água do rio da vida necessariamente precisará continuar a fluir, pois essa é a sua razão de existir.

Por isso, o que acontece conosco, em nosso atual estado de existência, é algo parecido com o que sucedeu a esse rio: fomos bloqueados pela grande pedra de nossa consciência-eu.

A água da vida, a força original do Espírito, fluirá em nosso ser, mas isso acontecerá sem a cooperação de nossa consciência – ou seja: sem a cooperação e mesmo sem o entendimento de nossa alma.

E esse fluir da água da vida, da força do Espírito, se manifestará em fenômenos que a consciência-eu simplesmente não compreende, e que para ela surgem como que do nada, vindas de repente do incompreensível e do inexplicável...

A esses fenômenos inexplicáveis pela consciência-eu são dados nomes como "destino", "tendências", "acidentes", ou mesmo "enfermidades".

Sim, amigos! Todos esses fenômenos que assolam e atormentam a vida diária dos seres humanos que vivem imersos na autoilusão de suas consciências-eu são as manifestações da força divina original! Porém, eles se manifestam em sua forma não compreendida, não consciente, pois falta aos seres humanos a ponte da verdadeira alma para discernir a realidade, para promover a atuação conjunta entre espírito e matéria!

É dessa forma que surge, como que do nada, o "destino", "as tendências inexplicáveis das pessoas", "os acidentes de percurso de nossa existência", e, acima de tudo, "as enfermidades". Eles surgem sem explicação aparente, como fatores de correção, quase como uma justiça vingativa da natureza, a qual o ser humano teme mortalmente, pelo fato de não possuir a capacidade orgânica de compreendê-los.

Esses fatores são como os raios de uma tempestade magnética que se descarregam sobre nossas cabeças, enquanto fugimos desesperados buscando um abrigo, cheios de medo de sermos atingidos por eles. São os meios pelos quais as tensões, as dissonâncias que geramos por nossa vida eu-centralizada, se descarregam no céu de nosso próprio campo aural, buscando encontrar novamente a harmonia entre céu e terra, ou seja, entre Espírito e matéria: exatamente como uma tempestade magnética que finalmente se descarrega e elimina as tensões entre as camadas superiores da atmosfera e a superfície da Terra.

As enfermidades funcionam exatamente dessa mesma forma.

Tudo aquilo que fazemos, o que pensamos, o que desejamos, tudo o que surge em nós como intenções mais secretas, tudo isso vai se acumulando, como um campo de tensão, nas paredes exteriores de nosso campo de respiração, de nosso campo astral particular.

Dessa forma, o eu-consciente, em sua ilusão de existir separado do Todo, vai vivendo sua vida de maneira mecânica e automática, e assim passa a acumular tensões incrivelmente fortes, que vão se transformando em verdadeiras nuvens pesadas e escuras, em nosso campo de respiração.

E, porque não dispomos de uma alma realmente viva, ligada de maneira consciente ao Espírito, não conseguimos perceber essas tensões de maneira consciente.

Assim como as águas do grande rio da vida precisam fluir mesmo quando são represadas por uma grande pedra que obstaculiza sua passagem, as tensões de nosso campo astral, que se acumularam de maneira tão intensa, acham uma forma de se descarregar sobre nosso organismo, mediante grandes manifestações corretivas.

Mas, da mesma forma que o acúmulo de tensões em nosso campo de respiração ocorreu de maneira inconsciente, essas manifestações corretivas também ocorrem de maneira incompreensível – portanto, elas são inconscientes para a alma natural, para o eu-consciente.

Dessa forma, assim como os raios de uma grande tempestade buscam no solo ou até mesmo na atmosfera os pontos com maior diferencial de potência para se descarregarem, as tensões de nosso campo de respiração encontram os pontos correspondentes em nossos corpos sutis nos quais podem se descarregar.

Essas tensões buscam os pontos de nosso corpo astral mais ligados às desarmonias que produzimos em nossa vida eu-centralizada para descarregarem sua força.

Assim, uma tensão criada pelo abuso do eu em relação à força do pensamento, buscará o chacra frontal para se descarregar.

Uma tensão criada pelo abuso do eu em relação à força criadora natural buscará o chacra pélvico para se descarregar, e assim por diante.

Essa tensão que se descarrega, dependendo de sua intensidade, assim como um forte raio que cai sobre uma determinada área, atingirá não apenas o corpo astral e os seus centros de energia, mas também as linhas de força do corpo etérico, e finalmente os órgãos do corpo material.

E assim, quando os órgãos do corpo material são atingidos, é que finalmente nos damos conta de que estamos "doentes".

Porém, em realidade, já estávamos "doentes" há muito mais tempo, mesmo antes da manifestação de qualquer sintoma exterior. Sim: já estávamos doentes por causa de nossa atitude de vida doentia e eu-centralizada.

E é aqui amigos, que, mesmo em nosso estado atual de consciência e de vida, poderíamos tomar uma atitude diferente: uma atitude que possivelmente mudaria o curso de nossa existência! Sim, pois se o ser humano utilizasse essa oportunidade corretiva que se manifesta como uma enfermidade para refletir o que não vai bem em sua vida, e principalmente em seu comportamento e em seu procedimento em seu dia-a-dia, isso poderia ser para ele uma fonte de autoconhecimento, e, portanto, de transformação de sua consciência.

Não estamos dizendo (e precisamos enfatizar isso de maneira absolutamente clara, para que não existam mal-entendidos e situações negativas e indesejáveis entre nós) que o ser humano em questão não deva buscar um tratamento adequado para qualquer enfermidade que seja.

É claro que todas as pessoas devem se tratar, e principalmente os alunos da Escola, para que possam manter uma forma física minimamente saudável para levarem adiante seu discipulado em suas vidas.

Não é disso que se trata. Estamos nos referindo aqui à reação generalizada de "bloqueio" que a grande maioria das pessoas apresenta diante de uma enfermidade.

Referimo-nos a essa reação utilitarista, que vê o corpo como uma máquina que precisa de reparos mecânicos quando apresenta qualquer tipo de problema, e que busca um tratamento que elimine os sintomas, para que nos esqueçamos deles o mais rapidamente possível, para que assim não tenhamos que tratar das verdadeiras causas, as causas que se encontram em nosso próprio procedimento diante da vida.

Sim: queremos uma "anestesia geral" diante da dor de viver de maneira inconsequente: algo como um tratamento milagroso que nos retire o mais rapidamente possível do quadro de uma enfermidade, e que nos assegure o direito que acreditamos possuir, em nossa ilusão eu-centralizada, de continuar a viver de maneira absolutamente anti-natural, envenenando nossa existência, e livrando-nos magicamente das tensões que nós mesmos criamos.

É aqui que reside um grande perigo: o perigo do bloqueio, o dar as costas à manifestação corretiva que surgiu como uma enfermidade, o perigo de tomar mais uma "aspirina" e continuar a toda a velocidade na avenida do absurdo da vida sem nem mesmo olhar para os lados e perguntar-se: por quê?

Se bloqueamos todos os sintomas com medicamentos alopáticos, impedimos que eles se manifestem no corpo físico, e forçamos as tensões para que se acumulem novamente no corpo etérico.

Se bloqueamos todos os sintomas com medicamentos homeopáticos dinamizados em altíssimas potências, impedimos que eles se manifestem no corpo etérico, e assim forçamos que eles se acumulem novamente no corpo astral.

E se, através de todo tipo de práticas de magia natural disfarçadas em tratamentos alternativos, impedimos que tais tensões se manifestem no corpo astral com intervenções nos chacras e no fogo serpentino, então essas tensões serão forçadas a se acumularem novamente em nosso campo de respiração, ao redor dos nossos corpos sutis dentro do microcosmo.

Isso equivale a colocar ainda pedras e mais pedras ao redor da grande pedra de nossa consciência, que bloqueia a passagem da água da vida, da força vital do Espírito em nosso ser. Assim, criaremos não somente um bloqueio, mas uma verdadeira represa que impedirá totalmente a circulação e o fluxo da energia vital.

Durante certo tempo, isso até poderá nos dar uma falsa sensação de tranquilidade, de paz e bem-estar físico e energético, pois aparentemente conseguimos impedir que as tensões que estão em nosso organismo se descarreguem e criem os indesejáveis sintomas dos quais tanto queríamos nos livrar. Ficamos mais tranquilos, pensando que não precisamos olhar para nossa atitude de vida e verificar o que necessita ser transformado e modificado em primeiro lugar.

Mas, assim como uma criança inocente que brinca em um campo aberto é surpreendida pela tempestade que se abate sobre ela de uma só vez, da mesma forma, o "acerto de contas" das tensões magnéticas acumuladas e totalmente represadas em nosso ser também virá, mas desta vez com a força de furacão, com a força de uma represa que rompe e abre passagem para uma gigantesca onda que vai arrastando tudo que encontra em seu caminho.

Essas são as enfermidades degenerativas que se abatem sobre nós, e que, quando se manifestam, não surgem mais como oportunidades de correção do estado de consciência, mas apresentam-se como algo que força uma mudança em nosso estado de vida, de forma direta e inescapável.

Por outro lado, notamos que há muitos seres humanos que, mesmo diante dessa situação tão profunda e aguda, se dão conta de que precisam mudar sua atitude. Dessa forma, utilizam essa oportunidade para uma transformação fundamental de suas vidas.

Portanto, depois de tudo o que dissemos (e que talvez tenham sido palavras particularmente duras para todos aqueles que têm vivido tais experiências em suas vidas), precisamos ressaltar que, como alunos, temos uma tarefa muito nobre e muito elevada em tudo isso!

Como alunos, contamos com um grande mediador que é o corpo coletivo, o corpo vivo da Escola. Possuímos, sim, esse veículo que poderá fazer as vezes do veículo intermediário entre o Espírito e a matéria, enquanto ainda estamos construindo essa ligação em nosso sistema de vida e em nossos corpos sutis! Mas é preciso haver, da parte do aluno, um comportamento de vida sincero, uma verdadeira entrega e uma verdadeira ligação.

Esse mediador, esse corpo coletivo completo, constitui uma ponte entre a força de ideação (o Espírito) e a força de manifestação (a matéria). É assim que ele poderá nos auxiliar a encontrar a maneira correta de trabalhar em nós mesmos, e de buscar a força para demolir o que precisa ser demolido, e para edificar o que precisa ser edificado.

Ele nos auxiliará a compreender quais são os fatores que herdamos das existências precedentes de nosso microcosmo, e aqueles que são ligados diretamente à nossa atitude de vida nesta existência. Somente desse modo aprenderemos a aceitar aquilo que não podemos mudar, mas também encontraremos a força para transformar aquilo que podemos e devemos modificar.

LER A ROTA

Ler a Rota
É a visão da alma
que desvenda seu próprio céu microcósmico,
onde incide a Luz de Deus.
(...)
Entrai em vosso próprio templo
E desvendai vosso destino!
E, assim, providos de força interior,
Elevai-vos a vosso Deus!

(Rosa Mystica 12)

CAPÍTULO 6

Carma e destino

Que, na força do Senhor do Universo,
Aquele que já se encontra desperto
no coração de cada um de nós,
e sob a proteção do Campo de Força
e de Luz da Fraternidade da Vida,
possamos desvendar nosso destino,
e ingressar na glória do Dia dos Dias,
do Novo Dia que jamais findará!

Damos início a este capítulo inspirados pelas palavras de Buda:

Autossalvação é, para cada homem, a primeira e imediata tarefa. O primeiro fato da existência de vida manifesta-se como lei de transformação ou de mutabilidade. Tudo o que existe está subordinado ao mesmo giro, que é nascimento, crescimento, declínio e morte. A vida prossegue única e sozinha e procura incessantemente expressar-se em novas formas. A vida é um processo de movimentação, e aquele que fica preso a uma forma, por mais bela que seja, sofrerá enquanto detiver essa movimentação. A lei da transformação relaciona-se também à alma. Todas as conseqüências possuem suas causas, e a alma natural, ou o caráter do homem, é a soma de seus pensamentos e ações anteriores. O carma, que significa ação e reação, rege toda a existência, e o homem é o único criador de suas condições e reações, de seu estado futuro e de seu definitivo destino. Mediante orientação pura de ações e pensamentos, ele pode gradualmente purificar sua natureza interior e, desse modo, através da autorrealização, alcançar a libertação através do renascimento da alma. A vida é una e indivisível, não obstante suas formas mutáveis serem incontáveis e passageiras. Em verdade, não existe morte, embora cada forma tenha de morrer! Quando se compreende a unidade da vida, surge a compaixão, um sentimento de unanimidade com a vida em outras formas. A compaixão é descrita como a "lei das leis", como eterna harmonia; e quem quebrar essa harmonia da vida, consequentemente sofrerá e retardará sua iluminação. Trilhar a senda libertadora compreende: perfeita compreensão, objetivos puros, correta ação, e vida pura! Só então o coração se torna puro.

Diante dessas sábias palavras, nos indagamos: Por que o ser humano possui um destino? Por que possui uma personalidade que já nasce repleta de tendências herdadas dos pais e de toda a herança sanguínea de um povo ou mesmo da humanidade? Por que ele possui uma herança cármica que o força a seguir caminhos que mal compreende? Por que ele nasce com certa predisposição para ter mais ou menos saúde? Por que ele possui, às vezes desde a tenra infância, a tendência a certas enfermidades que cedo ou tarde se manifestam, a despeito de manter bons hábitos de vida?

Como dissemos no capítulo anterior, todos esses aspectos, que em uma palavra poderíamos designar simplesmente como "destino", provêm da metade invisível de nossa existência, dos reais motivos e arquétipos que estão armazenados na esfera aural, no campo energético de nosso microcosmo.

E, pelo fato de não possuirmos uma alma conectada à fonte de toda a vida (portanto, conectada ao Espírito), vivemos uma realidade partida, direcionada, centrada apenas nos aspectos materiais de nossa existência.

Por isso, simplesmente não temos acesso aos reais motivos, às forças que colocam nossa vida em movimento, pois elas se encontram além de nossa faculdade intelectual, além do véu de percepção de nosso corpo mental.

Como vimos anteriormente, o desenvolvimento incompleto do ser humano – que vive aprisionado na ilusão de sua consciência-eu em sua atual fase de manifestação – faz com que vivamos de maneira totalmente inconsciente em relação às tensões que nós mesmos geramos em nossa vida: tensões essas que vão se acumulando como pesadas nuvens em nosso campo de respiração.

Também falamos que essas tensões buscam sempre novamente uma maneira de reequilibrar nosso campo de respiração tão carregado – e isso acontece por meio de verdadeiras "tempestades magnéticas", ou seja, de momentos em que essas tensões se descarregam como raios de uma tempestade sobre nosso corpo astral, etérico e físico.

E foi nesse contexto mais amplo da manifestação de nossas vidas que encaixamos o quadro das incontáveis enfermidades que se manifestam em nosso organismo.

Vimos também que, quando bloqueamos a manifestação dessas tensões de maneira absoluta, elas não tendem a desaparecer, mas sim a acumular-se mais fortemente, e podem até mesmo desencadear uma degeneração que se abaterá sobre nós de tal modo que esse processo já não será mais controlável nem mesmo contornável.

Porém nem todas essas tensões que são acumuladas e bloqueadas em sua manifestação conseguem se descarregar durante o período de nossas vidas. Talvez o fato de não termos consciência das tensões que geramos em nós mesmos seja uma benção: a "benção da ignorância", como dizem frequentemente.

Sim, pois se tivéssemos a percepção da quantidade de pendências, de tensões, de situações não resolvidas que amealhamos ao longo de um simples dia de nossa vida como se fosse um tesouro sinistro, talvez perdêssemos até mesmo a capacidade de continuar vivendo normalmente! É que cada pensamento, cada olhar, cada gesto, cada intenção que não se harmonize com o objetivo original da vida é uma fonte potencial de tensões e de acúmulo de dissonâncias energéticas em nosso campo de respiração.

Resumindo: cada vez que nos desviamos do alvo, do único objetivo da vida, seja como for, nas maiores ou nas menores questões, geramos uma pendência, uma tensão não resolvida.

Dessa forma, é completamente impossível, para nós, conseguir descarregar todas as tensões geradas por não possuirmos uma consciência ligada ao Espírito no curto período de uma única vida.

De um lado, simplesmente não há tempo para isso. É como se precisássemos de um instante extra de tempo para cada instante de tempo vivido sem consciência – e que, portanto, gerou uma tensão, uma pendência.

Por outro lado, a realidade é que, para a grande maioria da humanidade, cada novo instante vivido, ao invés de solucionar uma pendência acumulada do passado, parece servir apenas para gerar uma nova ou reforçar alguma que já existia.

É por isso que o ensinamento universal diz que o destino da humanidade vai ficando cada vez mais pesado a cada instante de sua existência.

Sim, o *destino*. E por que o destino?

Simplesmente porque essas pendências que não são descarregadas – seja por que foram consistentemente bloqueadas, ou por que foram ainda mais reforçadas por nosso comportamento desprovido de real compreensão – vão se acumulando não mais apenas em nosso campo de respiração, mas também nas paredes do próprio microcosmo, a que chamamos de *lípika*.

Quando a personalidade perde seu corpo físico, as tensões nele acumuladas tomam forma nas linhas de força do corpo etérico.

Quando o corpo etérico se volatiliza, essas tensões se acumulam nos vórtices de força do corpo astral – portanto, nos chacras principais e nos outros pequenos chacras que gravitam ao seu redor.

E quando, finalmente, o corpo astral se volatiliza e o corpo mental perde sua capacidade de autopercepção (pois, para funcionar, ainda dependia totalmente do corpo astral, ou melhor dizendo, do corpo de desejos), então as tensões que se encontravam acumuladas no corpo astral e no campo de respiração cristalizam-se completamente. É como se formassem uma foto de altíssima resolução, ou um holograma multidimensional de altíssima resolução, que contivesse todos os aspectos essenciais dessa tensão, dessa dissonância, dessa desarmonia.

E esses verdadeiros hologramas de nossas tensões são então gravados como que a fogo – portanto, de maneira permanente – no céu microcósmico, na *lípika,* como o resultado de uma vida inteira, como a somatória das experiências, como o compêndio de todas as tentativas e erros de uma vida em relação ao único alvo da existência.

E agora amigos, é importante que prestemos toda a nossa atenção ao que vamos dizer. Quando tudo isso está finalmente registrado no microcosmo, depois que a consciência-alma reviveu cada uma dessas experiências e sorveu profundamente as lições de seus acertos e erros, há um momento extremamente importante que precisamos destacar. Antes que essa consciência beba o gole do rio do esquecimento e mergulhe no sono sem sonhos de sua dissolução completa, ela vê, diante de si, a síntese, a quintessência de toda a sua vida. Então, ela anseia por uma nova oportunidade em que todas essas pendências sejam desfeitas por meio de uma vida que lhe proporcione as experiências necessárias para tanto.

É esse vislumbre, esse verdadeiro anseio pela resolução de tudo aquilo que ainda está pendente, que constitui a chave vibratória, o diapasão, o tom claro e vibrante que atrairá esse microcosmo para sua nova encarnação!

É nesse último instante, no último suspiro da consciência-alma que se dissolve, que se configura mais concretamente o céu microcósmico, com suas tensões acumuladas – exatamente como vemos as incontáveis estrelas da Via Láctea e de outras galáxias em uma noite sem luar. A partir desse momento, essa será a configuração zodiacal da nova personalidade, que será acolhida nesse mesmo microcosmo em sua próxima reencarnação.

Dessa forma, nem mesmo um pequeno traço de tudo aquilo que foi vivido se perde, e a vida seguinte continua diretamente a partir do exato instante em que a vida anterior se encerrou, como uma continuidade perfeita de uma história sem fim.

Porém, para a personalidade seguinte, que não possui a capacidade consciente de compreensão da alma-imortal (e que, portanto, não tem acesso ao seu céu microcósmico), tudo isso parece um jogo macabro de azar, no qual ela será vítima de acontecimentos absolutamente inexplicáveis, ou mesmo totalmente injustos quando olhados a partir da realidade exterior das coisas.

Mas, para um ser humano que trilha o caminho da compreensão real da vida e que deseja colocar-se a serviço do princípio divino que se encontra latente em seu ser, todo esse quadro ganha uma proporção totalmente diferente!

Esse ser humano compreenderá que seu *destino* é, em realidade, um tesouro que ele herdou. O tesouro que, em primeiro lugar, o trouxe até as portas do caminho do verdadeiro autoconhecimento e da possibilidade real de transformar sua vida. E também o tesouro que, além dessa possibilidade luminosa, o coloca diante da oportunidade de vivenciar, em uma só vida, a resolução de todas as pendências acumuladas do *carma*.

E então esse ser humano, que foi tocado e despertado pela Luz, poderá também reconhecer que as enfermidades herdadas também fazem parte dos grandes "temas cármicos", espelhados nas tensões que foram acumuladas no microcosmo. Então, já não importa se essas enfermidades foram herdadas pelo destino aural do microcosmo ou pelas leis de causa e efeito da reencarnação, que o trouxeram à vida em meio a um determinado povo, grupo ou família. Sim: esse ser humano consciente compreenderá!

Essas tensões acumuladas, herdadas do passado do microcosmo, ganham vida novamente no processo de manifestação de uma nova encarnação. E, nesse processo de animação, plasmam determinadas condições orgânicas nos arquétipos do corpo astral e do corpo etérico que, no momento correto, também irão se manifestar no corpo material.

É por isso que Cristo, a Alma do Mundo, quando questionado sobre essas coisas, formuladas em perguntas como "Quem pecou: foi este homem ou foram seus pais?" respondia sempre, com pleno de amor: "Nem ele pecou nem seus pais; mas foi assim para que se manifestem nele as obras de Deus". (João, 9:2-3, sobre o homem cego).

Isso significa que nem a personalidade quádrupla atual, nem seus pais (ou seja, sua herança sanguínea) podem explicar totalmente os caminhos da manifestação do carma. Na verdade, todas as vidas, todas as existências, se manifestam apenas para que a Vontade do Todo se cumpra! Melhor dizendo: para que todas as pendências acumuladas finalmente possam ser vencidas pela transmutação da vida mediante uma *nova consciência*.

E é aqui amigos, que gostaríamos de mergulhar, com a maior profundidade possível, no âmago dessa questão, pois é essencial que todos aqueles que anseiam por transformar suas vidas verdadeiramente possam compreender do que se trata realmente.

Diante de todas as nossas dificuldades herdadas, que podem se manifestar como enfermidades que surgem e nos acompanham já desde nossa infância ou juventude, não devemos nos revoltar ou mesmo injuriar nosso *destino*. Afinal, é esse destino, aparentemente tão vingativo ou injusto, que nos traz a chance de uma transmutação fundamental!

Nesse sentido, tudo aquilo que se manifesta em nosso organismo como uma aparente dificuldade (ou seja, uma enfermidade fundamental e crônica) pode se apresentar ao redor do centro energético de nosso corpo astral, impactando uma das sete glândulas principais de nosso corpo, ou pode refletir-se em um de nossos órgãos-chave: em nosso santuários da cabeça, do coração ou da vida. E essa dificuldade que assim se manifesta precisa ser vista como uma chave de aprendizado! Afinal, é por detrás dessa dificuldade – como se fosse o verso de uma moeda – que se encontra a resposta daquilo que precisa ser transmutado.

Assim, quando essa situação for finalmente compreendida, quando ela for finalmente desvendada, acontecerá conosco aquilo que os manifestos rosa-cruzes como a *Fama Fraternitatis* e *As Núpcias Alquímicas* indicam como "ler a Rota".

Explica-se: quando o aluno sincero e dedicado finalmente desvenda a razão mais oculta dos temas principais de seu destino (e aqui estão incluídas aquelas enfermidades que talvez o acompanhem já desde o início de sua vida), ele terá encontrado o núcleo, o âmago de toda uma constelação, de todo um grupo de pontos magnéticos de tensões acumuladas na *lípika* e no campo de respiração de seu microcosmo.

Se, diante da Luz desse desvendamento, ele então pronunciar diante do Senhor da Vida, da chama do fogo do Espírito que arde no coração de seu próprio microcosmo: *Faça-se a Tua Vontade, e não a minha!* – então ele terá transformado, transmutado, transfigurado o cerne dessa trilha de seu próprio destino.

Ele terá assim lido sua Rota, desvendado seu destino, e reinventado sua história. Dessa forma, pouco importa se sua dificuldade e sua enfermidade desapareçam ou não de seu corpo físico. Como um vaso de barro que foi moldado de uma determinada forma, com um determinado propósito, talvez ele permaneça nessa forma manifestada até o final de seus dias. Porém seu corpo etérico, renascido a partir do núcleo divino em seu próprio coração, já não portará a marca dessa experiência, dessa tensão não resolvida.

Ele seguirá, livre, o Caminho das Estrelas. Ele será o Pentagrama de Fogo, a quíntupla veste da nova Alma-Espírito, que carregará em si a quintessência transmutada de todo o seu tesouro de experiências – esse tesouro que, através dos altos e baixos da existência humana, das incontáveis encarnações e dos giros da roda da vida e da morte o trouxeram, finalmente, diante dos portais da vida eterna!

Essa é a promessa que aguarda a cada um daqueles que verdadeiramente anseiam por ela e que, em autorrendição, trilham a senda. Para alcançá-la, é preciso que cada alma descubra e desvende sua Rota, seu destino individual, em liberdade e autonomia plenas.

SOFRIMENTO E ALEGRIA

Existe a senda com rosas
que florescem às suas margens,
envolvendo-a num alegre colorido
com perfume da nova pátria.
Esta é a senda repleta de felicidade -
envolta pela alegria –
onde o vaso da virtude
se eleva ao claro brilho.

É também uma senda de sofrimento,
diante da qual o coração estremece.
Quem poderia evitar isso,
vivendo ainda no terrestre?

Esta é uma senda de cruzes,
que abre feridas sangrentas,
um dissonante bramir
da mordedura da cabeça de leão.

A senda que conduz à manhã,
ao raiar da hora matutina.
O homem vai, a salvo, à vida eterna!

CAPÍTULO 7

O equilíbrio dos sete centros do Ser

Aproveitemos a grande oportunidade que nos é dada! Olhemos de frente todas essas questões que nos assaltam de maneira recorrente em nossa vida e que são nossos verdadeiros obstáculos interiores. Assim, eles serão identificados e ultrapassados!

Por que dizemos que somos uma Escola Espiritual e não uma religião?

A razão para isso está relacionada diretamente à maneira como vemos todo o ensinamento universal.

Uma religião, no sentido horizontal do termo, está baseada em um conjunto de dogmas – ou seja, de interpretações formais de determinados ensinamentos, sejam eles provenientes do ensinamento universal ou da opinião de um líder religioso em particular.

Uma escola espiritual, por outro lado, esforça-se sempre por basear seu trabalho em um conjunto de princípios.

E aqui falamos, de propósito, de um esforço: afinal, a linha que separa um princípio de um dogma nem sempre é algo tão evidente. E, se não nos esforçamos sempre para desafiar a nós mesmos, não conseguiremos ter a certeza de que discernimos corretamente cada uma dessas coisas.

Este é o cuidado que a Escola deve ter a cada vez que faz menção a um livro sagrado ou a um trecho do ensinamento universal: o cuidado de deixar claro a seus alunos que ela não utiliza tais textos simplesmente porque eles são considerados sagrados por uma parte da humanidade, ou mesmo porque seus fundadores o fizeram.

Aliás, esse era e sempre foi o cuidado dos próprios fundadores de nossa Escola, e, se quisermos ser fiéis a eles, devemos fazer o mesmo.

Neste capítulo, faremos alusão a alguns conceitos e termos da Bíblia. Mas não os estamos evocando aqui como uma forma de manifestar um dogmatismo religioso. Na verdade, como verdadeiros rosa-cruzes, apontaremos para um conjunto de princípios.

Vamos continuar nossa reflexão sobre as enfermidades e a possibilidade de uma cura fundamental através da transformação da consciência humana. Por isso, evocaremos alguns princípios que estão relacionados a um conceito em particular: um conceito que, ao longo dos séculos, foi recoberto por conotações erradas, e que, portanto, precisa ser tratado aqui com todo o nosso cuidado.

Trata-se do conceito de "pecado".

Quando buscamos a origem do conceito "pecado", observamos que em hebraico ele é expresso pela palavra *hhatá* e, em grego, por *hamartáno,* que são formas verbais que significam "errar", no sentido de não conseguir atingir um alvo, ideal ou padrão.

Dessa forma, quando deixamos de lado o monturo da moralidade burguesa e o repugnante ranço de uma religiosidade hipócrita cuja característica é discorrer longamente sobre tudo aquilo que jamais conseguimos colocar em prática, podemos olhar para a essência do ensinamento universal em toda a sua pureza.

Então, vemos que o conceito de pecado está ligado ao fato de errarmos, consistentemente, o alvo único e real da vida humana – que é o de manifestar, finalmente, o novo ser humano Alma-Espírito em sua plenitude. Este é o verdadeiro "pecado original": o desvio da origem e do objetivo único da vida!

O que se segue a isso, é, em essência, mera consequência. Ou seja: a partir do momento em que nos desligamos do Espírito, como raio único e uno, como fonte de todas as vidas, tudo aquilo que se segue em nossas vidas não passa de um abuso da força vital e de todo o nosso sistema de vida, com seus órgãos correspondentes.

O que queremos dizer exatamente com isso?

Para dirigir o foco de nossa atenção, vamos deixar de lado, por um instante, tudo aquilo que se relaciona ao passado de nosso microcosmo, pois já tratamos, até certo ponto, dessas questões nos capítulos anteriores.

Focalizemos nossa atenção apenas em nossa vida atual, como se por um instante fôssemos livres de tudo aquilo que herdamos. Neste instante, desligados do objetivo real de nossa existência, tudo aquilo que fazemos é, em essência, um abuso e um verdadeiro ultraje diante da nobreza de vida que deveríamos viver.

Esse abuso contínuo é o mau uso da força criadora e de sua atuação nos sete principais centros energéticos de nosso ser, e, por consequência, dos órgãos que estão ligados a eles.

Esse abuso constante desses sete centros da alma faz com que nosso estado de vida reflita um estado de consciência desligado da fonte original da vida. É por essa razão que nos tornamos um fenômeno subjugado pelas leis do espaço e do tempo: nascemos, crescemos, morremos.

Os sete centros da alma – ou seja, os sete chacras e tudo o que a eles se encontra relacionado – deveriam estar preenchidos pelos sete raios do Espírito, e deles deveriam viver. Porém, como vivemos desligados do Espírito, os sete raios não podem tomar forma em nossa vida, e nossos sete chacras giram de maneira descontrolada e desordenada, como um candelabro que bruxuleia no vento, até que finalmente é apagado por ele.

Esse abuso dos sete centros do corpo astral, que produz um desequilíbrio fundamental da vida, é simbolicamente indicado no ensinamento universal pelos "sete pecados capitais", ou "sete pecados mortais", o que significa que "erramos o alvo da vida original" nos sete centros de nosso ser. E assim, como consequência inevitável e até mesmo natural, a alma humana é agrilhoada pelas consequências de suas ações. Acorrentada ao ciclo do tempo, torna-se prisioneira da morte que acolheu em seu próprio ser, por causa de seu estado de vida.

Quais são esses "sete pecados capitais"?

No passado, a primeira letra de cada um deles, formava, em Latim, a palavra *saligia,* que corresponde às primeiras letras de cada pecado em latim: *superbia, avaritia, luxuria, invidia, gula, ira, acedia.*

Na realidade, tal é o estado de ser no qual todos nós nos encontramos. Afinal, não existe um só ser humano como nós – que vivemos de nossa consciência eu-centralizada, mortal – que não manifeste esse estado.

Isso representa o estado de ser que provém de todos os nossos chacras, que ressoam como sete notas musicais e se harmonizam com a escala vibracional de nosso egocentrismo.

Podemos observar cada um desses conceitos relacionados diretamente a um dos nossos centros energéticos:

1. **Com o chacra da pineal** – *a soberba,* a vaidade de ser algo diferente do Todo-Uno. Enfim: a falsa consciência-Deus – a maior de todas as faltas, que desequilibra o funcionamento da pineal, que é a regente de todas as outras glândulas de secreção interna de nosso organismo.
2. **Com o chacra da fronte** – *a inveja,* a cobiça pela posse exterior. Resumindo: a desorientação da hipófise, que é o centro da alma. É o fato de partir para a busca da realização dessa alma fora de si mesma.
3. **Com o chacra da laringe** – *a preguiça,* a indolência e a estagnação da atividade da vontade, ligada ao desvio e ao abuso da tireoide, com todas as suas consequências.
4. **Com o chacra do coração** – *a ira,* o incontrolável fogo astral do coração eu-centralizado, onde arde a flama central do ego que se divorciou do princípio divino original, e gera o funcionamento inverso da glândula timo, com todos os distúrbios autoimunes que decorrem disso.
5. **Com o chacra do plexo solar** – *a gula,* a manifestação da busca insaciável pelo contentamento, causada pela perda da real alegria de viver, que descontrola o ciclo da glicemia, controlado pelo pâncreas.

6. **Com o chacra da pelve** – *a luxúria*, que é a utilização da força criadora de maneira desenfreada, como fonte de satisfação e realização, com todas as suas consequências em relação às glândulas sexuais e ao poder criador.
7. **Com o chacra raiz** – *a avareza*, o estado de vida baseado no medo de tudo perder, que leva o ser humano à tentativa de retenção e posse, e à sobrevivência a qualquer custo – o que desequilibra o funcionamento das suprarrenais e do ciclo da produção da adrenalina.

Amigos, será que devemos nos surpreender com a quantidade de pessoas que vivem torturadas por todos os problemas de saúde que decorrem do desequilíbrio de todas essas glândulas e dos órgãos que dependem delas para seu bom funcionamento?

Entendemos que seja desnecessário entrar em mais detalhes aqui e fazer uma lista dos problemas que estão associados a cada um desses estados. Mas recomendamos aos amigos e amigas que olhem atentamente para si mesmos, e, à luz do que foi exposto, avaliem sua situação particular. Assim, poderemos descobrir a origem de nossos problemas nesses desvios fundamentais, no fato de estarmos errando o alvo original de nossas vidas, e na dinâmica daquilo que fazemos de verdade em cada momento.

Afinal, queridos amigos, quem dentre nós pode dizer que está livre desses sete desvios básicos dos sete centros do corpo astral?

Cada um de nós possui seus pontos fortes em sua personalidade: na realidade, são os pontos fracos do ponto de vista de todas essas debilidades! E é isso que faz com que alguns estejam mais inclinados a determinados tipos de comportamentos desarmoniosos, e outros, a outros.

Mas, em essência, todos nós carregamos como nosso "codinome de família" esse nome da família da "humanidade eu-centralizada", o nome formado pela síntese de todos esses estados.

Eis por que Cristo, a Alma do Mundo afirma:

Ninguém é bom, a não ser Um, que é Deus. (Marcos, 10:17-18)

Pois bem, do que se trata então?

Será que se trata de agirmos como a moralidade burguesa ou a religiosidade de fachada sugere que façamos: que contrastemos esse estado de vida de um egoísmo fundamental, com uma tentativa pueril de sermos "bons moços"e pratiquemos as sete virtudes contrárias, como bons burgueses, como bons cidadãos, enquanto que no reduto de nossos quartos e salas (sejam espaços físicos ou virtuais), possamos dar vazão e manifestar aquilo que realmente somos?

Não, amigos! As sete virtudes originais – humildade, caridade, diligência, mansidão, temperança, pureza e generosidade – não se referem a um estado burguês, a um atestado de bom comportamento que possamos desenvolver com anos de treino, nem mesmo se tentarmos treinar nosso eu dentro de uma escola espiritual.

Não se trata disso, pois isso é simplesmente impossível e inútil!

Além disso, o ensinamento universal não é um compêndio de impossibilidades ou inutilidades.

As sete virtudes originais referem-se aos sete raios do Espírito, à força original que deveria preencher cada um dos sete centros de nosso corpo astral, para que dele emanasse um estado de consciência que gerasse um estado de vida totalmente puro e são.

Esses sete raios são:

vontade original, amor incondicional, inteligência ativa, harmonia criadora, sabedoria aplicada, devoção inquebrantável e ação pura: eles são a base da magia gnóstica!

Somente à medida que esses sete raios vão penetrando em nosso ser e vão abrindo caminho através de nossa estrutura sutil e orgânica, é que a origem do sofrimento, do desequilíbrio e de todas as enfermidades vai gradativamente se desvanecendo. Então, um novo estado de sanidade, de verdadeira saúde começa a se instaurar em nosso sistema de vida.

Amigos! Até que o Espírito vença, precisaremos trilhar nosso caminho de *endura,* nosso caminho de demolição gradual de nosso egocentrismo. Mas também precisamos reconhecer que, na maioria das vezes, é esse egocentrismo ora refinado e disfarçado que explica os intermináveis e recorrentes estados doentios nos quais vivemos mergulhados.

Eles são a prova de que o Espírito ainda não triunfou em nós. Eles são o sinal de que nossa alma, portanto, nossa verdadeira consciência, deverá ainda travar sua batalha interior: a batalha da demolição de seu egocentrismo na base e na força do átomo-centelha do Espírito.

Se não olharmos para nós mesmos para descobrir aquilo que é a causa dos nossos recorrentes estados doentios, se apenas nos limitarmos a nos "medicar" e "remediar" e a buscar uma cura exterior, estaremos apenas adiando a resolução desses problemas desta vida para uma próxima – e, assim, não aproveitaremos a oportunidade que nos está sendo oferecida.

Não estamos sugerindo, absolutamente, que devemos ser negligentes com nosso corpo e adotar uma atitude mística ou até mesmo infantil, deixando de procurar o tratamento necessário e adequado quando isso for necessário. Isso seria simplesmente inadmissível para um aluno sério da Escola. Estamos nos referindo ao fato de que um aluno na senda também tem a santa obrigação de investigar, através da faculdade da compreensão superior da nova alma que vai gradativamente surgindo nele, quais são os desequilíbrios orgânicos – principalmente aqueles de natureza similar e recorrente, que se manifestam nele *como o aspecto visível de um estado de ser que ainda não foi vencido e transformado.*

Diante disso, o aluno em questão precisa fazer algo de concreto: precisa reconhecer aquilo que o impede de seguir e que bloqueia seu caminho, para que, na força do Outro em si mesmo, ele se renda e se entregue, e abra passagem para uma transformação fundamental – não somente de sua consciência, mas principalmente dos ciclos e do metabolismo de seu organismo. Ou seja: de seu estado de vida!

E, amigos, além da Rosa de Fogo em si mesmo, o aluno também pode e deve contar com o auxílio impessoal do campo de cura: da radiação impessoal de Amor que parte do Corpo Vivo da Escola Espiritual, a partir do qual afluem as radiações da graça da Corrente da Fraternidade Universal.

Porém, esse manancial de forças somente poderá ser utilizado se uma ligação real for estabelecida entre o ser do aluno e o Corpo Vivo da Escola; mas também, e acima de tudo, se o próprio aluno reconhecer e aceitar as falhas de seu comportamento, identificando assim a origem de seu próprio sofrimento.

Dessa forma, ele se abrirá para a verdadeira magia gnóstica, para a essência da cura, para a transformação estrutural de seu ser. Então, um dia ele também dirá, assim como Paulo:

"A morte desapareceu completamente na Vitória, a Vitória do Espírito!"

APÊNDICE

Textos para sentir-pensar

Sobre a universalidade da Rosa-Cruz e do verdadeiro cristianismo

Não ama a Deus quem ao semelhante odeia, espezinhando-lhe a alma e o coração.
Aquele que algema, nubla ou tolda a mente pelo medo do inferno não entendeu a divina direção.
Todas as religiões são abençoadas e mandadas por Deus.
E Cristo, o Caminho, a Verdade, a Vida, foi enviado por Ele para aliviar o pesado fardo do triste, do pecador, dando-lhes a paz pedida.
Eis que o Espírito Universal veio a todas as igrejas e não a uma somente.
No dia de Pentecostes, uma língua de chama brilhante envolveu cada apóstolo, em um halo cintilante.
Desde então, como abutres famintos, por um nome vão, muitas vezes vamos lutar, procurando com dogmas, éditos ou credos, uns aos outros às inextinguíveis chamas enviar.

Cristo então é dois? Foram Cephas, Paulo, para salvar o mundo, à cruz pregados?
Por que então existem, aqui, tantas divisões, se pelo amor de Cristo todos somos abraçados?
Seu amor puro e doce não está limitado a credos que segregam e muros que levantamos.
Seu amor envolve todos e abraça a espécie humana não importa como a nós ou a Ele O chamamos.
Por que então não aceitá-Lo na Sua doce palavra?
Por que manter credos que trazem desuniões?
Uma só coisa importa e deve ser ouvida!
Que o amor fraternal encha todos corações.
Mas há ainda uma coisa que o mundo precisa saber: há um só bálsamo para toda a humana dor, há um só caminho que conduz ao céu, esse caminho é a solidariedade humana e o amor".

(Texto extraído do livro Conceito Rosa-Cruz do Cosmo, de Max Heindel)

Sobre o conflito fundamental da consciência humana e a única solução

Por nossa tendência ao acúmulo, construímos ao longo de muitos séculos esse sistema esmagador de exploração, que está destruindo nossa sensibilidade e nosso amor uns pelos outros.

E quando dizemos: "Não deveríamos lutar por nosso país? Isso não é o nosso dever moral?" – nisso existe algo de inerentemente errado, algo de fundamentalmente cruel.

Para libertar-se dessa extrema estupidez – a estupidez da guerra e do conflito – o homem precisa reaprender a pensar desde o começo.

Pois enquanto a humanidade estiver dividida por religiões, seitas, credos, classes e nacionalidades teremos guerras e conflitos, teremos exploração, e teremos sofrimento.

Somente quando a mente começar a libertar-se dessas limitações, somente quando a mente mergulhar no coração, é que poderemos encontrar a verdadeira inteligência, que é a única solução para as cruéis barbaridades de nossa civilização.

(Palavras de Jiddu Krishnarmurti,
durante suas palestras públicas no Brasil, em 1935).

Sobre o verdadeiro Silêncio

Há um Silêncio no qual a alma pode encontrar seu Deus, e ali se encontra a fonte da sabedoria, e todo o que aí entra, mergulha em luz e satura-se de poder, sabedoria e amor. O Silêncio não é limitado; não é um lugar cercado de muralhas ou de cumes rochosos, nem guardado pela espada de um homem.

Os homens levam consigo, o tempo todo, o lugar secreto onde podem encontrar seu Deus. Não importa onde vivem, no alto de uma montanha ou nas profundezas de um vale, na agitação dos negócios ou na tranquilidade do lar; eles podem instantaneamente, a qualquer hora, abrir a porta de par em par e encontrar o Silêncio, encontrar a casa de Deus, ela está dentro da alma.

O Silêncio é o reino da alma, e os olhos humanos não podem vê-lo. Se queres encontrar este Silêncio da alma, tu mesmo deves preparar o caminho. Ninguém a não ser o puro de coração pode entrar ali. E deves afastar toda tensão mental, toda preocupação, todos os medos, todas as dúvidas e pensamentos conturbados. Tua vontade humana deve ser absorvida pela vontade divinal então chegarás à consciência da santidade. E estarás no Lugar Sagrado e verás arder sobre um relicário vivo a Luz das Luzes.

E, quando o vires ardendo ali, olha profundamente o templo do teu cérebro e o verás em chamas. Em todas as partes, da cabeça aos pés, há luzes, todas a postos, simplesmente aguardando que a tocha chamejante do amor as acenda.

E quando vires todas essas luzes acesas, observa e vê, com os olhos da alma, as águas da fonte da sabedoria fluírem; e poderás bebê-las, e morar ali.

E então as cortinas se afastarão e estarás no Santuário do Todo, onde descansa a Arca de Deus, cuja cobertura é o Trono da Misericórdia.

(Texto extraído do Evangelho Aquariano, de Levi H. Dowling)

Sobre a mente humana e seus pensamentos

Quando era criança, Jesus partiu com seus pais a caminho de Nazaré;
e quando chegaram em casa ele trabalhou com José como carpinteiro.
Um dia, enquanto carregava as ferramentas de seu trabalho, disse:
Estas ferramentas lembram-me as que usamos na oficina da mente, onde o pensamento cria as coisas e construímos nosso caráter.
Usamos o esquadro para medir todas as nossas linhas, para endireitar os pontos tortos do caminho e para enquadrar os ângulos de nossa conduta.
Usamos o compasso para traçar círculos ao redor de nossas paixões e desejos, a fim de mantê-los dentro dos limites da retidão.
Usamos o machado para cortar as partes nodosas, inúteis e feias e para dar simetria ao caráter.
Usamos o martelo para por a verdade no lugar, para martelá-la até que faça parte do Todo.
Usamos a plaina para polir as superfícies ásperas e desiguais nas junções, cepos e tábuas com que se construirá o templo da verdade.
O formão, a corda, o prumo e o serrote, todos têm seu uso na oficina da mente.
E finalmente esta escada, com sua trindade de degraus: fé, esperança e amor. Nela subimos até a cúpula da pureza da vida.
E pela escada de doze degraus subimos até chegar ao pináculo daquilo a cuja construção dedicamos a vida: O Templo do Homem Perfeito.

(Texto extraído do Evangelho Aquariano, de Levi H. Dowling)

Sobre a grande ilusão da matéria e seu mundo ilusório

(Neste texto do Bhagavad Gîta, Shri Krishna, o ser Crístico Interior, vem em auxílio da consciência humana, representada por Arjuna, transmitindo-lhe os seguintes ensinamentos muitos simples, com os quais as depressões, as dúvidas e outros estados da ilusão, podem ser superados e vencidos):

Conscientiza-te de que és o Imortal.
Torna-te Mestre sobre os teus pensamentos,
Pois pela natureza de teus pensamentos e através dela
O Imortal torna-se perceptível.

Apreende que todas as formas são mera aparência ilusória,
E que ocultam a glória da Divindade.

Compreende e reconhece que a verdadeira Vida
Interpenetra todas as formas e as preenche com o Seu Ser,
E que, assim sendo, em realidade,
Não existe morte, nem tristeza, nem separação!

Liberta-te, portanto, do grande desnorteamento do aspecto forma das coisas,
e acerca-te de Mim, a fim de que possas habitar lá onde está a Luz e a Vida.

Sobre a grande oportunidade que todos possuímos em nossas vidas

O Mendigo e o Rei

(Rabindranath Tagore)

Ia eu pedindo de porta em porta pela rua da aldeia,
Quando vi, como em sonho, parar um carro de ouro.
Notei, admirado, que era o carro do Rei de todos os reis.
Minhas esperanças se levantaram
E eu julguei que era chegado
O fim dos meus maus dias.
Assim, cuidando, esperei grandes distribuições de esmolas
E esparsas riquezas pelo pó.

Parou o carro onde eu estava.
Teu olhar pousou sobre mim, e tu me chamaste sorrindo.
Senti chegada a fortuna de minha vida.
Então, de súbito, estendeste a mão direita e me disseste:-
Que tens para me dar?
Supremo motejo de um Rei,
Estender a mão pedindo a um mendigo!

Fiz-me confuso e indeciso, e tirei da minha sacola
Um pequeno grão de trigo e dei a Ele.

Mas, quão grande foi a minha surpresa ao fim do dia, quando, ao despejar o saco no assoalho, achei um pequeno grão de ouro na massa!

Então chorei amargamente,
Por te não ter dado todo o meu coração.

Sobre vida, morte e renascimento

Jesus sentou-se no pórtico do templo, e alguns vieram ouvir a sua doutrina, e um deles disse-lhe: Mestre, o que ensinas sobre a vida? E ele disse-lhes: Bem-aventurados os que passam por muitas experiências, porque pelo sofrimento tornar-se-ão perfeitos. Eles serão como os anjos de Deus no céu, e já não morrerão e nunca mais nascerão, pois morte e nascimento já não terão domínio sobre eles. Os que sofreram e venceram serão feitos colunas no Templo de meu Deus, e dele nunca mais sairão. Em verdade vos digo que, se não renascerdes da Água e do Fogo, não vereis o Reino de Deus.

(O Evangelho dos 12 Santos)

Sobre renovação diária

Um Novo Dia raiou.
O peregrino do tempo, o saúda cheio de júbilo.
Seu olhar, cheio de esperança,
perscruta os longínquos horizontes.
Diante de seus olhos, ergue-se agora, majestoso,
o rubro disco do Sol, que inunda a paisagem,
com suas cores flamejantes.
O peregrino jubila por mais este dia.
Porém, a verdadeira razão de seu júbilo é outra.
Ele jubila por que compreendeu,
ele jubila por que desvendou,
desvendou a trilha invisível
de seu próprio caminho de vida,
e agora, sobre sua senda,
irradia um outro Sol
Sim, sobre os caminhos que agora surgem diante
de seus olhos agradecidos,
reluz o brilho de um sol que nunca mais
desaparecerá,
o Sol interior, a verdadeira Luz,
o diamante cintilante do Fogo do Espírito
em seu coração.
Que seja esse o brilho que ilumine esta novo dia,
querido irmão, querida irmã.
Que ele também se erga, para nunca mais se por,
sobre o horizonte de sua vida.

(Rosa Mystica 36)

Sobre perspectivas de vida

Diz a lenda, que o poderoso faraó, montado em sua biga, inspecionava diligentemente os seus majestosos canteiros de obras, quando deparou-se com dois irmãos gêmeos que arrastavam com grande dificuldade um enorme bloco de pedra.
Surpreso pelo encontro, ele lhes perguntou: - Quem são vocês?
O primeiro, cheio de sofrimento e dor, respondeu:
– Sou um escravo que carrega pedras!
E o segundo, abrindo um sorriso que lhe saltava do rosto por sobre a poeira que o cobria e que lhe iluminava o olhar, disse:
– Sou um construtor de pirâmides!

Impresso por :

Graphium
gráfica e editora

Tel.:11 2769-9056